PRECISE EXPRESSION

精准表达

昭军　编著

吉林文史出版社
JILINWENSHICHUBANSHE

图书在版编目（CIP）数据

精准表达 / 昭军编著 . -- 长春：吉林文史出版社，2019.4

ISBN 978-7-5472-6086-9

Ⅰ . ①精… Ⅱ . ①昭… Ⅲ . ①口才学—通俗读物 Ⅳ . ① H019-49

中国版本图书馆 CIP 数据核字（2019）第 063431 号

JINGZHUNBIAODA

书　　名　精准表达

编　　著　昭　军

责任编辑　王丽环

封面设计　末末美书

出版发行　吉林文史出版社

地　　址　长春市福祉大路出版集团 A 座　　邮编：130117

网　　址　www.jlws.com.cn

印　　刷　北京德富泰印务有限公司

开　　本　880mm × 1230mm　1/32

印　　张　8

字　　数　190 千

版　　次　2019 年 4 月第 1 版　2019 年 4 月第 1 次印刷

书　　号　ISBN 978-7-5472-6086-9

定　　价　35.00 元

PREFACE
前　言

我们生活在社交媒体盛行、高度沟通合作的时代，在这样一个广阔的、多纬度交流的空间里，注定了表达能力的重要性。人类之间的沟通使信息共享变为现实。很显然，由于所处环境的差异会导致人们文化与思维的差异。在生活中我们随处可见：面对同一个问题，不同环境下成长起来的人表现出来的观点和态度不尽相同，甚至有时候大相径庭。而语言将这种差异公开化，每个人都可以和他人分享自己的想法和立场，让不同的文化与思想融合撞击，从而实现社会的进步。所以，表达力是个历久弥新的话题，清晰且准确的表达会使人与人之间的沟通变得更加有效。

我们每天都在进行着各式各样的沟通行为以维持赖以生存的社会关系。言语沟通是我们打动他人最直接的方式之一，换句话说，表达能力的好坏直接影响着一个人在社会关系中的地位。语言表达不仅是一种信息和资源共享的方式，更是维系社会关系最主要的方式之一。精准的表达能力会确保个人的职场方向不出现偏差，温情的表达会让爱人心中如饮蜜糖。

在日常生活中，我们常常会发现这样的现象：善于表达的人，无论走到哪里，无论在什么样的环境中，都可以口若悬河、滔滔不绝，赢得素不相识之人的好感；不善于表达的人，则往往在和别人寒暄几句之后就觉得无话可说，只能相对无言，尴尬万分。

我们知道，现实的世界，是一个人与人构成的世界。在我们的社会中，即使最简单的事情，也需要彼此合作，这意味表达能力对一个人的成功是着起举足轻重的作用的——语言是彼此联系的起点、终点和连接点。无论我们在做什么，或者想做什么，要想获得成功，必须善于表达，善于沟通。

优秀的表达能力从来都不是天生的，没有哪一个人生下来就能说会道，纵横捭阖。能够打动人心和办事无往不利的表达能力是在不断的磨砺中练就的。只要你用心努力，同样也能拥有一副伶牙俐齿，成为说话和解决问题的高手。

话的多与少从来都不是判定表达能力优劣的标准：滔滔不绝地说话不等于会表达，简言少语也不代表表达能力弱。中国有句古话叫“打蛇打七寸”，如果你一定要追问“七寸”在哪儿，虽然我能用生物学知识来满足你的好奇心，但是显然这样会使我们的说话重点发生偏移，很可能你还会为此与我争执一番：打蛇还是打“三寸”的好。而我只不过是想告诉你，无论打哪里，唯有打到致命的地方才会一击毙命。

这也告诉我们一个道理：说话做事一定要抓住问题的关键。就说话而言，想要做到精准表达，说话时就必须有重点。管理学家德鲁克说过：“一个人必须知道该说什么，一个人必须知道什么时候说，一个人必须知道对谁说，一个人必须知道怎么说。”内容、时间、对象、方式是表达的四个重要因素，精准的表达是指能在合适的时间，向明确的对象，以恰当的方式，说明准确的信息。那么，这四个因素具体到表达中又是如何呈现的？这就是本书想要说的。现在请阅读本书，它会告诉你怎样在说话时游刃有余、把握重点。

这本书引用了古今中外、世界各地的经典案例，分析职场上、生活中、历史上成功人士的表达力。提取他们的精练要点，展示在读者面前：通过精准表达的完美姿势、恰到好处的赞美、巧妙的恭维客套、打动人心的劝说技巧，让听者心花怒放，留下难忘的好印象；善言者在职场中如何叱咤风云、如鱼得水，被朋友尊敬，被社会认同；拥有属于自己的事业、财富、人脉，创造价值希望，赢得整个世界。

本书共分为八章，从表达的对象、场合、内容等方面着手，具体到职场沟通、谈判等场合，全面展现表达的多种方法和独特技巧，为想要提升表达力的你提供切实有效的实战性建议，让有效沟通时刻成为一种可能。

如果你想提高说话技巧，成为一个说话高手，请仔细阅读书中的每一个知识点。你会发现，那些具体翔实的事例、颇有韵味的语言，不仅仅是在讲述一种说话技巧，更是在告诉你一种生活的智慧。其实这也是我们编写本书的初衷。因此，在此希望每一位读完这本书的读者都能从中有所收获，希望它能成为你的良师益友。

CONTENTS

目　录

第五章

拒绝委婉说，既不伤己又不伤和气 // 121

第六章

辩论适度说，不纠缠也不较真 // 161

PRECISE EXPRESSION

第一章

一言可成事，一言可败事

无规矩不成方圆，社交表达有其固有的原则，正确地掌握社交表达的原则对我们的人际交往有很大的帮助。真正的社交高手往往很懂得掩饰自己，在语言交际中，把握好分寸，做到得体适度。世事洞明皆学问，人情练达即文章。说对话与办好事是现代社会中不可或缺的一项技能与艺术，洞悉了其中奥妙的人，就能凭借高超的说话水平与卓越的办事能力在社会中获得一席之地。

善言走遍天下，讷言寸步难行

我们生活在充满合作和竞争的信息飞速发展的社会，说话不仅仅是我们日常生活所必须掌握的生存技能，同时也直接影响我们在职场上的成败。与朋友交有“一言既出，驷马难追”的说法；职场上有“一言定乾坤”的说法；甚至与人合作有“金口玉言，利益攸关”的说法。由此可见，在现代交际中，是否会说话对一个人的成败得失具有决定性的影响。

“一人之辩重于九鼎之尊，三寸之舌强于百万之师。”人在社会交往中，要进行思想的交流和沟通，这就需要有一定的语言交流能力，不善言谈者想让人了解其价值是很难的。因此，培养和提高自身的沟通能力是我们开发自我潜能的重要途径。

多一些沟通，就会少一些误解

在科技信息发达、社会日益多元化的今天，人们的工作和生活丰富而多彩，但是由于缺乏必要的沟通，人与人之间很容易产生距离感和认识上的偏差，在彼此心灵之间树立起一道暗墙，造成误解，甚至带来矛盾。

身在如此快节奏的现代社会，越来越多的人失去了了解别人的耐心。我们总是以为别人怎么想的我们肯定一目了然，由此也就产生了越来越多的误会，人与人之间的关系也越发冷漠。大家宁可在社交网站上发发帖子，跟陌生人说说真心话，也不愿意向身边的人敞开心扉。婆媳关系紧张，医患矛盾激化，同事间的戒备心理增强，亲子之间缺乏理解等，究其根源就是缺乏沟通和交流导致的人情冷漠和疏远。

网上有个很火的微电视剧，叫《多一分沟通，少一分误解》。这部电视剧是荆门市第一人民医院拍摄的，该院院长舒春明说："希望通过微电视剧这样一种轻松幽默的方式，促进医患互信。当前医患关系紧张，医务人员压力大。让公众看到医务人员的工作和生活状态，可以帮助他们增进对医务人员的理解；对于医务人员自身来说，也能够释放压力。"

一次，一位急症科的护士因为忙碌，给王先生换药晚了一会儿。王先生就自己调慢了点滴。护士过来换药时，给他道了歉。王先生却笑着说："没事，我都在电视上看到了，你们确实挺忙的，很辛苦。"

这部微电视剧其实就是医务人员与患者之间的一种交心、一种沟通，一些患者通过医院内部的闭路电视看了这部微电视剧后，对医务人员的工作也就多了一些理解和包容。

这就是沟通产生的效果，人与人之间的沟通是非常必要的，沟通是解决生活中各种矛盾、搞好各方面人际关系的润滑剂，也是消除一切不和谐因素的重要方法。不论家庭成员之间，还是单位中的干群之间、同事之间，都需要经常沟通。

所以，当我们的人际关系陷入僵局时，请先尝试去沟通吧！或许这个僵局并没有我们想象中那么难以破解，沟通是人与人心灵的桥梁，能为我们在建立良好的人际关系时牵线搭桥。

沟通能力决定职场高度

一个人是否有好的发展机会，在很大程度上取决于这个人是否懂得说话之道。职场中有个现象：那些能力平平但口才出众的人，在职场发展或事业成就方面，大都比能力很强但笨口拙舌的人要好得多。

其实，在这种看似不正常的现象背后，存在着一种非常合理的逻辑——那些沟通能力比较强的人，更容易获得他人的赏识与认可，从而得到更多的发展机会；而那些口才不好的人，虽然能力不弱，但是因为不善言辞、不懂沟通，导致自身发展缓慢，甚至止步不前。

范佳琪从名牌大学毕业后，已在一家公司打拼了五六年，平时她孤傲、清高，和同事们也不怎么交流。同事们见她如此，也都不太好意思跟她说话。

几天前，她所在的部门经理跳槽到一家世界500强企业了，她认为，自己应该是接任部门经理的不二人选，于是她早早地做好了接任的准备。

可是，这一重要的职位，却被刚到公司才一年的梅绮抢走了。据传，公司老总一句“不会说话的人怎么当领导”就把范佳琪给否了。

论资历，范佳琪远胜于梅绮；论技能，范佳琪也超过对方数倍。可是，人缘差、口才不好却成了她的软肋。而梅绮显然是赢在了口才上，她不但敢于在各种场合大胆地表现自己，而且还与同部门的其他同事都保持着良好的关系，难怪她能够赢得老板的赏识和肯定了。

在现代社会中，像梅绮这样的沟通高手越来越多，而像范佳琪这样工作尚可而口才欠佳的人，似乎是越来越落后于时代。生活中有很多人，不是败在专业能力上，而是输在不会说话上，着实让人惋惜。如果一个人拥有好口才，善于与各种人进行良好的沟通，那么他通常不会在竞争中吃亏。

需要注意的是，会说话并不是一开口就口若悬河、滔滔不绝，更不是张扬个性、锋芒毕露。一个不懂得说话技巧的人，虽然话说得不少，表面上给人的感觉是非常“能说会道”，但是不招人喜欢。

不需要说却不停地说是啰唆，不明就里地说是瞎说，捕风捉影乱传谣言是胡说，不该说偏说是贫嘴，该说却又不说是糊涂。人们时刻都要在“说”与“不说”之间做出选择，在“这样说”与“那样说”之间做出取舍。

美国诗人弗洛斯特把人巧妙地分成满腹经纶却说不出来和胸无点墨却滔滔不绝两类人。可以说，弗洛斯特对于人说话现象的观察是非常细致入微的，我们在生活中经常可以看到一肚子学问而不善言辞的人，不学无术反而很爱说话的人也比比皆是。这也是为什么杰出人物总是少数的原因。那些善于沟通的人，往往会取得比口才一般的人大得多的成就。

所以，有效的交流既要有充实而有价值的内容，又要表达清晰，使听者明朗，而且回味无穷。所以“有话可说”实在不是件容易的事，要达到“言之有物”的境界，更要不断学习，力求充实自己。

美国人类行为科学研究者汤姆士指出：“说话的能力是成名的捷径。它能使人显赫，令人鹤立鸡群。能言善辩的人，往往受人尊敬，受人爱戴，得人拥护。它使一个人的才学充分拓展、熠熠生辉、事半功倍、业绩卓著。”他甚至断言：“发生在成功人物身上的奇迹，一半是由口才创造的。”

美国资产阶级革命时期著名的政治家、外交家富兰克林也说过：“会说话和事业的进步有很大的关系。”善于表达的人，往往会被委以重任，反之则容易被忽视。我们说，表达能力不是决定人成功与否的最根本因素，但是有能力又善于沟通的人如虎添翼，成功的希望会更大一些。无数事实证明，说话水平高是事业成功的重要因素之一，表达能力的优劣有时直接决定事业的成败。

机遇只青睐有准备的人

每个人都有语言运用的能力，但是运用语言的能力却有高下之分。可以在日常生活中努力培养自己的口头表达能力，抓住一切可以表现自己的场合和时机来表现自己。能言善辩的人会有更多的机会使自己从芸芸众生中脱颖而出。

我国首次载人航天飞船成功返回后，中国第一个进入太空的宇航员杨利伟一时间家喻户晓、妇孺皆知，各大新闻媒体争相报道。航天部门的领导们说，杨利伟之所以最终被选中，主要是因为三方面的因素，其中很关键的一条就是他的心理素质过硬，且具有很强的口头表达能力，说话有条理、有分寸。

杨利伟总认为航天没有小事可言，什么都很重要，因此，无论做什么事情，他都要尽自己最大的努力将其做好，甚至训练的总结会、训练的小节等这些在别人看来微乎其微的小事儿他都不放过。在总结会上，杨利伟准备充分、发言积极，并且每次发言都条理清晰、逻辑性强，而且态度从容。

在最终确定有三人作为首飞候选人的时候，领导为难了，这三个人各方面都很优秀，难分伯仲，最后考虑到我国第一个踏入太空的宇航员，势必会受到全世界的瞩目，要接受各大媒体的采访，出席各种活动场合，进行巡回演讲等，所以最后决定让在口才上有明显优势的杨利伟进行首飞。一时间，杨利伟这个名字传遍了中国的大街小巷，传到了世界各国，一下子变得妇孺皆知，所有的目光都聚焦在他的身上。

由此可见，成功有时候就是我们在某一方面超过别人的一小步。杨利伟就是胜在了善于说话上，所以在竞争者中脱颖而出。

所谓“时势造英雄”，机遇对人的一生有非常深远的影响。中国有句古话：台上一分钟，台下十年功。我们常羡慕别人的机遇好，羡慕命运对别人的青睐，羡慕别人的成功，却从来没看到他人在荣耀和鲜花背后所付出的辛苦与努力。机遇只偏爱有准备的人，能否抓住机遇、利用机遇，关键在于我们在知识、文化、思想等多方面的准备，在于勤奋和努力。

所以，我们想要成功，想抓住机遇，就得从现在开始收拾好行囊，做好准备，当机遇轻轻地叩响门扉时，我们就能沉着地应和一声，踩着它的节拍，旋转而去，千万不要眼睁睁地看着它从你身边姗姗飘过，而你却无能为力。

会说话是求职的敲门砖

随着社会整体文化水平升高和国民素质的提高，职场上人才辈出，到处都充满着激烈的竞争和挑战，要想为自己谋求一份理想的职业不是一件容易的事。想要在面试中脱颖而出，对个人的综合素质要求更为严格，而良好的表达能力，是体现个人素质最有效的一种方式。

我国著名高校中山大学就业指导中心曾经举办过一场“全球五百强企业——精英学子见面会”热身公开辅导讲座。讲座主要针对从广东及泛珠三角地区万份简历中挑选出来的参加这次见面会的五百名精英学子，以及部分应届毕业生。

来自广州卡耐基素质培训学校的两位资深顾问及讲师就“面试口才、形象礼仪”对求职的重要影响，为大学生作了形象生动的解说。吴云川说，当众说话时，得体的形象与礼仪是一种自信的表现。

说话看似小菜一碟，人人都会，但当众演讲时落落大方、言简意赅，却并非每个人都能办到。

在面对各家单位的招聘人员时，有的大学生反应敏捷、措辞准确、侃侃而谈、娴熟地进行自我推销；而有的大学生则对答迟钝、怯于开口。在每一个应聘者都同样优秀的情况下——同样的学历、同样的专业，企业能对比的恐怕只有学子们的形象外表、自信程度以及对应聘企业与主考官的尊重程度了。

中山大学职业发展协会有关人士说明了他们的调查结果：越来越多的在校大学生开始有意识地注重通过各种途径努力提高自己的说话水平。广州所有高校几乎都成立了口才协会，他们通过正规的社团组织为每一个有意提高说话能力的学生提供学习和锻炼的平台，并请有丰富演讲经验的教授和校外的口才培训机构讲师为会员上课。这种协会和口才培训班也受到了广大学生的欢迎。

从广州卡耐基学校的学员比例来看，报名参加当众演讲、形象礼仪和心理素质类课程的大学生的比例一直在上升，比学校开设初期提高了60%，这说明随着就业形势的严峻，越来越多的大学生意识到了沟通能力的重要性。

如果我们想仅凭熟练的技能和踏实的工作能力，就在职场游刃有余、出人头地的话，未免有些天真。虽然能力加勤奋很重要，但是会说话，却能让我们工作起来更轻松。不得不承认，良好的表达能力是一种立足于社会和成就卓越人生的资本。善于沟通，能使我们迅速说服他人、赢得考官的重视、获得一个理想的职位，使我们在职场上更为顺遂。

把你的优势勇敢地表达出来

许多事业成功的人都具有自信的性格，他们总能勇于向自己提出更高的要求，所以才能在失败的时候看见希望。自信心就像催化剂一样，它可以把人的潜能无限地激发出来。一个人如果缺乏自信心，就会缺乏探索自我和世界的积极性，他的能力自然就会受到约束和限制。

有些人敢于表达，给人一种为人坦率豪爽之感；有些人说话唯唯诺诺，给人胆小怯懦、索然无味之感。有这类差别，虽然存在表述技巧的优劣等因素，但更大程度上还是性格的原因。一般来讲，自信的人讲话时热情饱满而富有激情，因此更能吸引他人的注意。不自信者则往往相反。这种因性格导致的表达上的差异，会直接影响着我们在他人那里受重视的程度。

言语自信的人更有魅力

一个没有自信的人，从某种程度上说是对自身能力缺乏肯定的人。在沟通中，别人打心眼儿里不信任那些不自信的人，这样很不利于与他人建立良好、公平的人际关系。

如果我们想要让自己所说的话有更大的影响力，就要培养一种积极自信的心态。因为，自信是可以传染的。将这份自信传递出去，用自信的口吻跟人说话，会将自身实力和能力有效地传递给对方，从而得到对方的认可。

蜚声世界影坛的意大利著名电影明星索菲亚·罗兰之所以能够成为令世人瞩目的超级影星，是和她对自己价值肯定以及她的自信心分不开的。

为了生存，加上对电影事业的热爱，16 岁的罗兰来到了罗马，她想在这里涉足电影界。但是没想到，第一次试镜就失败了，所有的摄影师都说她够不上美人的标准，都抱怨她的鼻子和臀部。没办法，导演卡洛·庞蒂只好把她叫到办公室，建议她把臀部削减一点儿、把鼻子缩短一点儿。一般情况下，许多演员都对导演言听计从。可是，小小年纪的罗兰却非常有勇气和主见，拒绝了对方的要求。

她说："我当然懂得我的外形跟那些已经成名的女演员颇有不同，她们都相貌出众，五官端正，而我却不是这样。我的脸毛病太多，但这些毛病加在一起反而会更有魅力呢。如果我们的鼻子上有一个肿块，我会毫不犹豫地把它除掉。但是，说我的鼻子太长，那是无道理的，因为我知道，鼻子是脸的主要部分，它使脸具有特点。我喜欢我的鼻子和脸的本来的样子。说实话，我的脸确实与众不同，但是我为什么要长得跟别人一样呢？我要保持我的本色，我什么也不愿改变。"

正是由于罗兰的坚持，使导演卡洛·庞蒂重新审视并真正认识了索菲亚·罗兰，开始了解她并且欣赏她。

罗兰没有对摄影师们的话言听计从，没有为了迎合别人而放弃自己的个性，没有因为别人而丧失信心，所以她才得以在电影中充分展示出她的与众不同的美。而且，她的独特外貌和热情、开朗、奔放的气质最终得到人们的承认。后来，她主演的影片《两妇人》获得巨大成功，她也因此荣获了奥斯卡最佳女演员奖。

有能力的老板不喜欢唯唯诺诺的员工，因为这样的员工不能提供有创意的想法。而且大多数人还是喜欢和自信的人在一起。

当然自信不是自负，那种觉得自己哪一方面都很优秀的方式会给人以轻浮感。但在自己的专业领域内或者是自己感兴趣的方向，一定要表现出自信。我们不期望自己以一个全能者的身份出现，但至少我们要表现出自己在某方面的优势。这样，我们才能得到更多人的认同。

做专业领域内的“话语权威”

每个人都有自己的长处，也都有自己的短处。不过有的人的长处能引起别人的共鸣，是大家都想要的，而有的人的短处能引起共鸣的还是比较少的，而且也是大家所不太在意的。于是，我们的生活中便出现了很多优秀的人和一些不够优秀的人。

1957年4月8日，邓小平在西安干部会上做了题为《今后的主要任务是建设》的报告演讲，他将西安的城建问题比喻为“骨头”和“肉”的关系。他认为西安市的城市规划虽然摆得满满的，但实际上里边空的地方有很多，注意了“骨头”，但对“肉”重视不够，应该办的商店、理发店等服务性行业并没有注意办。

他表示，我们国家那么大，搞点富丽堂皇的东西以表示新气象是应该的，但同时，应多搞些商店、戏院、电影院、学校等，“肉”的问题就解决了。邓小平在这里生动地道出了经济工作中的辩证关系。“骨头”指工业、交通、高楼等大的建设项目，“肉”是指配合生产和生活需要的多种设施建设，如科研、文教、卫生、商业服务网点、职工住宅和城市公用事业等。

我们要学习的就是这点，将自己擅长的领域骄傲地讲出来。当我们这么做时，本身传递的就是一种自信。这份自信，可以让我们获得更多的好评，别人也会通过我们的表达对我们的优势有所了解。

不要觉得自己不如别人，所谓“尺有所短，寸有所长”，每个人都有自身的优点，也都有自己擅长的领域。将这些勇敢地说出来，自然就有更多人听。一个人用自信的语言介绍自己所擅长的领域时，哪怕对方听不懂，也会被这份自信和坚定所感染，从而觉得这个人是一个有魅力的人。

不敢发声的人会成为他人的出气筒

在职场中，总会遇到一些人，我们可以称之为倒霉的小明和小红。他们可能高大威武，也可能瘦弱不堪，他们常常习惯性地低着头，举止谦恭，不怎么喜欢说话。平心而论，小明或小红在工作上兢兢业业，但是由于不善交流，不能勇于表达自我，说出来的话总是缺乏力度，因此受到欺负。

这无关权力和地位，只和性格有关。那些沉默寡言、不善言辞的人确实更容易受到指责和批评，在面对他们时，人们往往会变得更加挑剔。无论是在职场上还是日常生活中，都有很多类似小明或小红的人，他们总会遇到一些不公正的对待。小明们、小红们的问题在于他们忽略了语言的威慑力。这种威慑力并不一定是暴力的恐吓，还包含一种自主权和立场。

从心理学上来说，一旦我们拥有自己的立场，展示出足够的话语权，想办法进行抗争，就会表现出一种基本的自我保护能力和威慑力。一个男孩开始敢于对父亲说“不”，并且愿意说出自己的想法时，父亲就会意识到自己再也没有办法强制要求孩子按照自己的意愿行事了，他会适当地做出妥协，并给予孩子足够的尊重。

同理，我们在交际中如果保持沉默，领导和对手可能会更加肆无忌惮地忽视我们的存在，很多时候，沉默意味着默许，不敢出声反抗就意味着继续逆来顺受。一个敢于表达立场、敢于对一些不合理的要求说“不”的人，往往能够赢得更多的尊重，这就是交际场合的一个内在规则。

多数时候，人与人之间的竞争都是通过言语上的缠斗表现出来的。恰如其分的言语表达，能为我们争取到更多的生存优势，让我们更加从容地应对各种困难。当我们遭遇不公正的待遇时，不妨适当地大声说出自己的真实想法，这才是我们征服别人的一个良好开端。

适时沉默是一股蓄势待发的力量

在沟通中，沟通的效果和说话多少没有太多的联系。然而，在信息来源多、信息量大的现代社会中，每个人都有声音被他人掩盖的感觉，这就刺激了很多人的表现欲，故而使用更多的语言来证明自己的存在。高情商者懂得一项重要的沟通法则——适当的沉默也是一种力量。

心理学教授指出：在沟通中，适度说话和适度沉默，有着相同的地位。适度的沉默可以控制沟通中说话的节奏，而把握好沉默的度也就变得十分关键，相当于数学中零的作用，只有保持适度的沉默才能使沟通稳妥地进行。

沉默既可以表示无声的赞许，也可以表达强烈的抗议，所以沉默可以蕴含丰富多彩的内容，运用得当就是拿最小的成本换取最大的利润。当然，沉默并非模棱两可的表现，反而能在一定的语境中，表达出异常明确的态度，从这个层面讲，沉默也是话语的延续，内容的升华。

沉默是一股蓄势待发的力量

“沉默是金”虽只简单的四个字，却蕴含着极其耐人寻味的真理。沉默不代表无言，有时它是一种积蓄、酝酿，以等待猝发的过程。

战国时，楚庄王继位三年，没有发布过一条法令。左司马问他："一只大鸟落在山丘上，三年来不飞不叫，沉默无声，为何？"楚庄王答曰："三年不展翅，是要使翅膀长大；沉默无声，是要观察、思考与准备。虽不飞，飞必冲天；虽不鸣，鸣必惊人！"

果然，第二年，楚庄王听政，发布了九条法令，废除了十项措施，处死了五个贪官，选拔了六个进士。从此国家昌盛，天下归服。正因为楚庄王不做没有把握的事，不过早暴露自己的意图，所以才能成就大功绩。这正是"大器晚成，大音希声，不鸣则已，一鸣惊人"！

沉默是为了积蓄力量，最后爆发，犹如火山爆发那一声震天的巨响，那力拔山兮的气势，令人叹为观止。但这一奇观不是随时可见，为那一瞬间的壮观，它在地层深处沉寂了千年万年。在生活中，我们要学会沉默，千万不要因为一时冲动，造成不好的后果。

适时沉默，避免矛盾升级

学会沉默有时比学会说话更重要，尤其是在面对各种误解时。即使我们吵赢了，输了风度不说，也疏远了关系。与其这样，不如学会沉默。当然，沉默并不是忍气吞声，而是回归自己的内心，用更理智，更成熟的方式来解决难题。

在某城市的早高峰，一对中年夫妻怎么也绕不出地铁，听口音像外地人。排在中年夫妻后面的一位小伙子一看，原来他们买的是临时卡，需要把卡插进出口的机器里面才能出去。

善良的小伙子帮这对夫妻完成了这一系列操作，但是当两个人发现车票卡没有出来时，竟然和他吵了起来，因为这样他们就不能换乘了。

事实上，这对夫妻想要换乘的话，必须先刷卡出站，再重新购票，但是由于他们不知道这套程序，所以显得非常生气。两个人责怪起刚才帮助他们的这位小伙子，说他多管闲事，非拉着他的胳膊不让走。

情急之下，那位小伙子直接从包里拿出四枚硬币放在那个男人的手里，然后叫来工作人员，简单地说明了情况，就头也不回地走了。

在某些情况下，语言的确很无力，任何解释都会显得很苍白，而沉默才是最有力量的。所以说，故事中的小伙子对这件事情的处理方式才是更理智、更可取的。

适时沉默赢得话语权

谈判桌上是考验脑力和耐力的场合，双方要互相揣摩对方的心理，并就对方的反应做出灵活机智的应对。在谈判过程中，如果一方不表明自己的态度，只用沉默或“不知道”应对，就会给另一方造成不必要的心理干扰，进而让对方提出有利于自己的条件。

杨超越是一名职业律师，他全权代表自己的客户与一家保险公司交涉相关赔偿事宜。

理赔员先发话：“杨律师，我知道你口才很好，而且在涉及巨额款项谈判方面的经验也很丰富，但恐怕我们无法接受你们的开价，我们公司只能开出十万的赔偿金，你觉得怎样？”

根据以往的经验，杨超越知道无论对方开出怎样的条件都应该对其表示不满，此时，没有比沉默更好的表达不满的手段了。所以，杨超越表情严肃，沉默地看着对方。其实，谈判过程中的讨价还价是高潮部分，此时的沉默也暗示着谈判一方提出第一套方案之后，会根据另一方的反应来判断是否再拿出第二套、第三套方案。

果不其然，理赔员等了一会儿，看杨超越始终不做表态，有点儿沉不住气了，说道：“抱歉，请不要介意我刚才的开价，12 万你觉得如何？”

杨超越沉默了一会儿后说道："抱歉，接受不了。"

理赔员继续说道："那十三万总可以了吧？"

杨超越依旧沉默了一会儿才开口说道："十三万？嗯……我不清楚。"

理赔员显然是有点心慌了，因为这个案子如果再拖下去，对自己公司的形象就会造成负面影响。思索了片刻，理赔员又开口说道："好吧，那就十四万吧，再多的话就超出我们可以承受的极限了，到时候只能让法院来解决了。"

杨超越感觉对方确实已经做出了最大的让步，而且也已经达到了委托人十三万的最低赔偿要求，决定是时候"收网"了。但他没有立刻答应，而是又沉默了一会儿，表情还很严肃，甚至有点愁眉不展，最后说道："我知道你们也是在尽最大的努力解决这一问题，但我也有自己的使命。这样，你们就赔偿十五万吧，今天这个事情做个了断，回去后，你向公司汇报，我向自己的委托人说明，说不定咱们以后还有更多的合作空间。"就这样，一场充满沉默的谈判，让对方的赔偿金增加了50%。

在上述谈判中，杨超越就是利用这一战术让保险公司的理赔员不断为赔偿金加价。当然，谈判也不一定都是在桌子旁展开一对一的正面交锋，也可能是生活、工作中的琐事，此时，巧用沉默也可以达到震慑对方的作用。

在人际沟通中，我们必须承认，语言交流加上得体的动作才是高效的沟通方式。过多的语言、喋喋不休的表达在某些情况下，反而会让沟通效果适得其反。如果想通过语言让对方信服，不如选择适当沉默，设计一下沟通的节奏。

只有适度减少语言，才是沟通的最好方法。高情商者懂得适度沉默，懂得抓住生活中以静制动的方法、懂得怎样进退、掌握沟通中的主动权、把握沟通的节奏、改变沟通的节奏和分寸。

完美表达的姿势不能只靠嘴

我们发现在沟通中，很多人越是想要说服别人，所说的话语中的漏洞也就越多，最终让自己陷入窘境之中。这种行为导致的后果是，在沟通过程中往往无法控制大局，很容易被对方牵着鼻子走。如果想让对方做出有利的反馈，就要掌握好适度原则，有效的沟通，不管是语言因素还是非语言的因素，都一样重要。

实践证明，人类用语言交流同一个思想内容时，即使在相同的环境中也会有不同的表达。场合不同就要采取相应的语言形式，万不可拘泥于一种模式，否则就无法达到说话的目的。很多人不知道这个事实，不管和谁见面，都要滔滔不绝。本来想给对方留下一个能说会道的好印象，没想到事与愿违，反而引起了对方的不满和厌恶。

喋喋不休惹人嫌

说话是为了表达对某件事的见解，抒发自己的想法。有些人不知道这个道理，光图嘴巴痛快，总是一吐为快，胡乱发泄不满的情绪。还有些人动不动就指责别人随便说话、没有大脑，但他从来没意识到自己才是那个没大脑的家伙。独处时，适当地给自己一点儿时间思考，懂得嘴巴要适时关闭，才不会被嘴巴连累，吃一吐为快的亏。

莫晓云的收入在白领中已经算是很高的了。但她一开口就满腹牢骚："我实在不愿意再给外国人做事了，每天看他们的脸色真没劲，我现在啥也没有，只有钱，却为挣这点钱失去了自由，自己感兴趣的事从来没有关注过，活着真是无聊透了……”只要她开口，一个小时都停不下来，一个人滔滔不绝，别人就算想安慰一句，也插不上嘴。

一个朋友趁她喝口水或者咽唾沫的工夫，真心实意地劝她做喜欢、感兴趣的工作，发挥她的才能，但她又开始喋喋不休地列举其他工作如何不是人干的，没有人权，吃不了那个苦，受不了那个罪，有一万个理由选择做现在的工作。

每个人都希望跟他人进行愉快、轻松、成功的交谈，成为左右逢源的人。要想做到这一点，就要注意避开谈吐的“雷区”。如果莫晓云能意识到自己是一个喋喋不休爱抱怨的人，就应该尽量少说话、多倾听。与人沟通的禁忌数不胜数，需要不断总结积累。

善用肢体语言来助力

一个擅长沟通的人，打动他人的不仅仅依靠有声语言，还有他的肢体语言。这也是为什么有些人一开口，其他人会注意倾听，而有些人说话，纷乱的场面并不会改变，大家依然各干各的，没人理会，有人甚至打断他说的话。出现这种现象的原因很复杂，如果留心观察，我们会发现，那些善于沟通的人会把表情、肢体动作进行恰当配合，以此吸引众人。

肢体语言虽然是无声的，却能在声音之外传情达意，比有声语言更能表现个性、欲望和情感。卓别林是电影表演大师，最早用准确而夸张的肢体语言表演无声电影。他在全世界受到热烈的追捧，他的作品令人百看不厌，是使肢体语言显示强大功能的代表人物。肢体语言功能很多，在无声中传达出“无言的沟通”。

《晋书·阮籍传》记载，阮籍被誉为“竹林七贤”之一。他长了一对青白眼。“青”就是黑的意思。人喜悦时眼睛正视，黑眼珠在中间，称为“青眼”；“白眼”是眼睛向上或向一旁，现出白眼，表示不满。

阮籍表示喜悦和赞许常用“青眼”；表示蔑视和厌恶时用“白眼”。见到雅士用“青眼”；见到俗人用“白眼”对之。嵇喜在阮籍居丧期间前往吊唁，但受到了阮籍的白眼冷对，弄得嵇喜难堪万分，不辞而退。嵇康听说哥哥嵇喜的遭遇，便挟琴，提着大酒壶前去吊丧。阮籍表示欢迎，立即投之以青眼。我们现在说的“垂青”“青睐”就是由此而来。

现代社会中，有些人不喜欢某人，或者和某人有过节，常会用白眼示之。或者如骆驼般用口水表示厌恶。此举虽然不雅观，但是能让对方明白自己的心情。著名的心理学家阿盖尔认为：所有的情绪，都可以用肢体语言直接替代加以表达。

善谈者在社交场合，讲话生动有力，给人留下深刻的印象，少不了肢体语言来辅助。辅助手段如果运用得当，不但可以加强语势，还能取得最佳信息沟通效果。“无言的沟通”有着不可低估的意义。所以，在人际关系中游刃有余的人都会正确破译肢体语言，善于发挥肢体语言在人际交往中沟通的作用，随时打开成功的大门。

语速语调的重要性：悦耳方可悦人

好人缘的必杀技是优秀的表达能力。没有谁天生就会说，只有经过基本训练，才能语速适度、口齿清晰、逻辑清晰、声情并茂、口吐莲花。只有练好表达的基本功，完善表达技术，提高表达水平，才能在社交中迅速赢得好人缘。

我们经常感到有人说话热情，有人说话冷漠，有人有耐心，有人表现出厌倦，有人语调谦虚谨慎，有人不可一世、狂妄自大……

既然不同的情感可以用声调来表达，就可以根据对象的不同、场合的不同来选择不同的声调来与人沟通。当声调与说话内容相冲突时，不管说多么重要的内容，也难产生好的效果。善谈者会注意声调与措辞一致，熟练地使用各种声调表达情感。

我们都知道，语速是传递信息的过程，只有让对方听清楚你说的内容，才能顺利传递信息。尽量做到吐字清晰、发音清楚、语速适中。太慢或太快的语速都不是最好的表达方式。70 ~ 90 分贝是最适宜人聆听的。语速如上足了发条的机器，听的人不易应付，自己也容易疲倦。

适度的沟通不仅需要控制语言，还需要控制自身的语音、语气和表情。练就悦耳动听的声音，成功的表达语言，以声达意，以声传情，就能赢得成功的人际交往。而富有魅力的声音，不但能为口才增色，还会美化说话者的形象。同样，人的面部表情在沟通中是自身内心的反映，不管是平静、冷淡还是焦躁、急迫，都能通过自身的表情得以体现。所以，在沟通中的表情需要时刻注意，选择适合当下的表情和姿态，再配合语言和适当的倾听态度，这样才能把握沟通的过程，做到了然于心。

总而言之，说话是人们交流信息、传情达意的重要手段。恰到好处地使用语言和非语言因素，可以充分地表达自己的意图和情感，而且还能使言辞听起来生机勃勃，更具艺术的感染力。

精准表达的关键是带着目的投石问路

和别人沟通时，有一定的说话技巧是相当讨人喜欢的。有些别人办不了的事，只要善于沟通的人一出马，问题马上就能得到解决。

很多人也会发现这么一个现象，同样的话，换一个人以不同的语气、不同的方式说出来，目的和结果都大不一样。

想要做好一件事，就需要注意把握好天时、地利、人和。实际上，日常交流中同样需要把握住天时、地利、人和。这三个要素往往是以一个整体出现的，在有效的沟通中缺一不可。忽视了其中任何一个要素，都会影响谈话的效果。只有带着明确的谈话目的，在恰当的时机，对恰当的人，说出恰当的话，才能够表达到位，并得到他人的关注和认可。

明确谈话要达成的目的

每个人在沟通之前，心里都很清楚要找对方聊什么，并计划好如何聊出想要的结果。然而当真正聊起来时，才知道变数太多，对方的小幽默、小故事、大笑话，都会让我们忘记自己的初衷。你说我答，聊得忘乎所以，聊得兴起时，什么目的、结果，通通不知道被抛到哪去了。在一次培训课上，讲师说了这样一个故事：

一群猎豹追赶一只兔子，兔子情急之中钻进一个地洞。猎豹在地洞外不甘心地徘徊，这时，一只黄鼠狼从地洞里钻出来，由于慌乱，黄鼠狼飞快地爬上了大树，并且从树上掉下来，把一时没反应过来的猎豹砸晕了，黄鼠狼成功逃脱。故事讲完，听众在下面议论纷纷："猎豹速度多快啊，怎么可能让个黄鼠狼砸晕？漏洞太多了。"大家不断地提出各种问题，直到问题挑完了，讲师说："关键的问题你们都没有提到，那只兔子到哪儿去了？"

经过讲师提醒后，大家才意识到这个故事的重点是兔子。由于黄鼠狼做出了各种不可思议的奇事，听众的思路随着黄鼠狼的出现早把兔子忘到了脑后。我们应该经常提醒自己：别忘了兔子。

这就是沟通与有效沟通的区别：我们每天都在进行各种沟通，但能称得上有效沟通的却没有几次。也可以简单理解成，沟通之前明确此行目的，沟通的话题围绕目的而说，目的在沟通完了之后达成。

知道自己要和谁交流最能解决问题

当我们找人解决问题，准备说明情况时，总会出现这样的情形：有人听我们说了很多话，但并不在意所说的内容。因为对方即使听明白了我们的来意，也没有决策权。

有时候要解决问题需要投入无穷的智慧和巨大的精力，不是一朝一夕就能获得结果的。真正解决问题的高手并不急于露面。当大家争得你死我活、两败俱伤时，隐藏的高手才出来收拾残局，露出真面目，最终获得利益。

一位富豪想在别墅顶部建一个有温水过滤设备的游泳池。富豪喜欢精打细算，并不想花冤枉钱。游泳池的造价和质量没有难倒这个外行，只用了很短的时间，他就从外行变成内行，价钱便宜、质量好的施工者也找到了。富豪是如何做到的呢？富豪找了三位承包商甲、乙、丙。他们拿着承包的标单前来投标，标单里有各项工程的详细费用。富豪对比了三张标单，发现他们预算的总费用有很大的差距。

富豪邀请承包商到他的私人咖啡屋商谈。三位承包商按照富豪约定的时间来了，富豪坐在另一间屋里喝咖啡，观察他们在一起的一举一动。

随后，富豪邀请承包商甲先生单独商谈。甲先生见到富豪就说，我建造的游泳池不管是建造要求还是设计标准都符合，保证是建造得最好的。他顺便透露了正处于破产边缘的丙先生以及乙先生经常使用陈旧的过滤网。

富豪从乙先生那里了解到，他提供的是真正的铜管儿，其他人都是塑胶管儿。富豪从丙先生那里知道了，其他人的过滤网品质低劣，拿到钱之后就不管了，不能彻底做完，而他是唯一能保质保量完成的。

富豪通过旁敲侧击和静静的倾听，加上详细的提问，弄清楚了三位承包商的基本情况和游泳池建筑的设计要求。经过甄别，他发现乙先生的建筑设计质量最好，丙先生的价格最低。最后他用丙先生提供的造价，选中了乙先生建造的游泳池。

富豪通过和三位施工者交谈，既节省了开支，又保证了质量。摸清对手的底细，是为了满足需要，找到最适合合作的那个人。沟通本身，也是为了满足不同经济、不同角度、不同的人或团体切身利益的需要，达成商业化目标的外在表现。所以，就算是同一件事，要想解决问题，也一定要摸清楚和谁交流才能如愿。

不同场合扮演不同的角色

人的角色从出生就与其他角色紧密联系在一起，不是孤立存在的。进入社会生活，需要扮演不同的社会角色。一个人的社会角色会随着场景和时间的转换发生变化，这是基本的“社会角色转换定律”。每个人的社会身份代表着“社会角色”，是每个人在社会中所占的位置。

社会进步得太快，生存压力也随之增加，很多人不适应快节奏的生活，经常弄不清职场角色和家庭角色的区别，带着各种情绪出现在不同的场合。只有扮演好社会角色，才能在人际关系中和谐融洽。一个在人际关系中游刃有余的成功者总能扮演好各种角色，既迎合了社会需要，又满足了个人需求。凡是容易发生社会角色冲突的，一般都是不能胜任各种角色的人，因而给生活带来困扰，给社会带来危害。

英国维多利亚女王可谓是风云人物，她在生活中也是女王风范吗？有一次她和丈夫发生争吵，她丈夫“砰”的一声关上房门，将她关在了门外。女王大声呵斥：“开门！”丈夫在门内冷冷地问：“你是谁？”女王不甘示弱，气势汹汹地答道：“我是英国女王。”一片沉寂。女王站了很久，平息了自己的情绪后又敲门：“我是维多利亚。”还是一片沉寂。女王在门外徘徊了很久，轻轻地说：“亲爱的，开门，我是你妻子。”他们又和好如初了。

一个人固守一种角色，不知道变通，就会闹出笑话和矛盾。要想消除社会角色中的冲突，适应角色换位是有效的方法。如果每个人在处理问题时，都能站在对方立场上换位考虑，那么因为角色差异导致的矛盾便会化解于无形。转换角色后，人们应该及时分辨不同的角色应当承担的义务和权利，并快速适应不同的角色拥有的不同权利和义务。

PRECISE EXPRESSION

第二章

赞美明着说，把话说到点子上

在社交活动中，人人都希望得到他人的赞许，赢得别人的重视和恰到好处的肯定，因为这可以满足人们被理解、被信任的心理需求，赞美能调节交谈双方的关系，增强信任感。一句赞美的语言，犹如一缕春风，能给对方带来自信和温馨，促进沟通的顺利进行。在我们的日常生活中无处不需要真诚的赞美和肯定。

皮格马利翁效应：赞美能创造奇迹

一位作家曾说：人的心灵就像花朵，开放时会承受柔润的露珠，闭合时会抵御狂风暴雨。真诚而发自内心的赞美可以让我们快速地获得他人的好感，让对方的心向我们敞开。人际关系的顺畅与否是决定一个人在职场上能否走得长远的关键因素，懂得如何去赞美别人，也就意味着打开了通往人际坦途之路的大门。

赞美和期待是一种超常的力量，能够激发一个人的潜能，甚至改变一个人的行为和思想。当一个人得到他人的信任与赞美后，因为被人尊重的需求得到而满足，所以会变得更加自信，从而激发出一种积极向上的动力，更加努力让自己的优势发挥到极致。从某种程度上说，恰当的赞美能创造奇迹。

皮格马利翁效应：赞美能创造奇迹

塞浦路斯的国王皮革马利翁非常喜欢雕塑，于是他用一块儿象牙非常精心地雕塑了一尊女神像，并给它取名为“盖拉蒂”。这尊雕像实在太完美了，皮革马利翁渐渐地爱上了她并且不能自拔。他每天对着雕像诉说着绵绵情意，他赞美她的美貌，真诚地希望她能够幻化成人形并成为自己的妻子。

终于，皮革马利翁的痴心感动了女神，她化为一位楚楚动人的少女，从画中走了出来。皮革马利翁的赞赏和期望终于成为现实，迎娶了这位朝思暮想的女子。心理学上将这种殷切的期望和真诚的赞美能够产生奇迹的现象称为“皮革马利翁效应”。

不吝啬赞美，才能够创造奇迹

一句普普通通但真诚的赞美有时可以改变一个人的一生，可以激励一个人不断进步，可以使他成就一番事业；一句不经意的讽刺、挖苦之言，很可能会毁掉一个人的一生。当我们学会赞美他人、欣赏他人时，就能创造奇迹。

一位年轻的母亲参加幼儿园家长会，老师对她说，你的儿子有多动症，在板凳上连三分钟都坐不了，你最好带他去医院看看。在回家的路上，儿子问母亲："老师都说了什么？"母亲告诉儿子："老师表扬你了，说宝贝以前在板凳上坐不了一分钟，现在能坐三分钟啦，全班只有宝贝进步了。"那天晚上，儿子破天荒地吃了两碗米饭，并且没有让她喂。

儿子上小学后，在家长会上，老师说："这次数学考试，全班五十名同学，你儿子排在第四十名，成绩不好。"回到家后，她对坐在桌前的儿子说："老师对你充满了信心，她说了，你并不是一个笨孩子，只要你能细心些，就会超过班级排名前20的同桌。"她儿子听到这话后，黯淡的眼神一下子充满了光，好像长大了很多，第二天上学去得比平时都要早。

孩子上了初中，有一次家长会上，老师对她说："按你儿子现在的成绩，考重点高中有点儿危险。"在回家的路上，她扶着儿子的肩膀，说："班主任对你非常满意，他说了，只要你努力，很有希望考上重点高中。"

高中毕业了，第一批大学录取通知书下达时，学校打电话让她儿子到学校去一趟，她的儿子考上了重点大学。

当儿子把录取通知书递交到她的手里后，突然转身跑到自己的房间里大哭起来，边哭边说："妈妈，我知道我不是个聪明的孩子，可是，这个世界上只有你能赞赏我……"

的确，一个人在得到他人恰当的赞美后，会因备受信任变得更加自信，从而获得一种积极向上的原动力。为了不让对方失望，他会更加努力地将自己的优势发挥到极致，尽力达到对方的期望。

每个人体内都蕴藏着一座难以估量的、物产丰富的矿山，有时候只需要师长或朋友的一句真诚的赞语就能尽数挖掘和开采到弥足珍贵的宝藏。让我们做个有心人，在尊重对方的同时，也说出我们真诚的赞美，因为我们的欣赏，可能会激发一个人在某一领域的兴趣，甚至有意想不到的奇迹发生。

学会赞美，让人喜欢你

一名记者曾做过一个调查，最后得出的结论是：经常夸奖、赞美他人的人，其本身也是个处世积极、乐观的人，这样的人总是受人欢迎、尊敬的，不常生病，并且更长寿；而总是指责、抱怨的人则正好相反。

美国历史上第一个年薪过百万的管理人员叫史考伯，他是美国钢铁公司总经理。记者曾问他："你的老板为什么愿意一年付你超过一百万美元的薪金，你到底有什么本事？"史考伯回答："我对钢铁懂得并不多，我最大的本事是我能把员工鼓舞起来。而鼓舞员工的最好方法，就是表现出真诚的赞赏和鼓励。"

说穿了，史考伯就是凭着会赞美人而获得了超过百万美金的年薪。赞美是说话的艺术，合乎人性的法则。适当得体的赞美，会使他人感到开心、快乐。

总之，在人际交往中想要快速赢得他人的好感，不妨学会适当地赞美，但是，要避免违心和不切实际的赞美，为了赞美而赞美的奉承之词也要坚决避免。这样，才能让自己因赞美而产生的心灵之火点燃别人的心灵之火，进而赢得别人的无限好感。

出乎意料的赞美，会令人惊喜。

卡耐基在《人性的弱点》中曾经分享过这样一个故事：一天，卡耐基去邮局寄挂号信，办事员服务态度十分恶劣。当把信件递给办事员称重时，卡耐基说："真希望我也有你这样美丽的头发。"听闻此言，办事员惊讶地看看卡耐基，接着脸上露出微笑，服务变得热情多了。

工作一天的丈夫回到家，见已摆好了饭菜，便不动声色地称赞了妻子几句；老师见学生把黑板擦得干干净净，及时夸奖了一番。在妻子与学生看来是分内的事情，却得到赞美，心情是无比愉悦的。赞美既是人际交往的催化剂，又是缓和矛盾的润滑剂，同时又保持感情的稳定剂。

适度恭维，拉近彼此的心理距离

能在瞬间打动人心并拉近彼此感情的非赞美莫属了。同时，赞美也是重要的交际手段。希望得到赞美是每个人的需求。威廉·詹姆斯是一名心理学家，他指出："人性深处最大的愿望，就是希望得到别人的认可，外界的赞扬。"

在潜意识里，我们都渴望得到别人肯定和赞美。这是每个人都会有的心理需求。善于交际的人显得格外迷人，更受人欢迎，皆因他们掌握了赞美的技巧，把赞美的话说得得体、滴水不漏。所以，赞美别人是处世法宝。

多一点儿赞美，少一点儿批评

赞美的话人人爱听，美国第 16 任总统林肯曾说："人人都需要赞美，你我都不例外。"但赞美别人并非易事，倘若过了头，则有逢迎拍马之嫌，话语不中肯又会沦为敷衍了事之举，如何拿得准，的确是一门学问。赞美要用简洁、明了、平和、朴实的语言，而不要用模棱两可或过于夸张、露骨的语言去赞美对方。这样才不会让对方觉得我们缺乏诚意。

某公司的一个清洁工，本来是一个最被人忽视、最被人看不起的角色，就是这样一个人，却在一天晚上公司保险箱被窃时，与小偷进行了殊死搏斗。

事后，有人为他请功并问他的动机时，答案却出人意料。他说：当公司的总经理从他身旁经过时，总会不时地赞美他"你扫的地真干净"。

正是这么一句简简单单的话，使这个员工受到了感动，并为了保护公司的财物不惜生命。

沟通中不乏赞美之词，在与下属沟通中它的作用显得尤为突出。在与下属的沟通中，如果只提短处而不提长处，下属就会产生心理上的不平衡，从而产生抵抗心理。如果我们先就他以往的表现给予赞扬，再指出此次的错误，那么他就会放弃心理上的抵抗，更容易接受你的批评。

适度恭维，拉近彼此的心理距离

恭维别人对自己也会有所帮助。如果想让对方接受你的观点或想法，就必须先让对方能够静心倾听我们的想法。恭维话在此时就会发挥最好的效用，恭维别人的同时，也解决了自己的问题。恭维时，要找准确实需要增光添彩的"闪光点"，这种恭维，不管是当着别人的面，还是在背后讲，都能起到好的作用。恭维话并不是随便说的，要注意对象和内容。

詹姆斯·阿特牟逊是董事长，专门制造高级椅子。他希望能得到音乐学院和剧场座椅的订单。他决定去拜访建筑商伊斯曼，单凭竞标他没把握战胜对手，便希望靠捷径获得伊斯曼的认同。

临行前，朋友提醒他："伊斯曼整天忙碌不堪，做事有板有眼，你想争取到订单，说话别忘了简明扼要四个字。"

詹姆斯·阿特牟逊看见到伊斯曼之后，首先对其办公室的装修进行了一番夸奖，这一话题引起了伊斯曼的回忆，于是，他向詹姆斯·阿特牟逊追述起穷苦的少年时代。那时他在一家公司拿着低廉的工资，寡母靠收房租过活。他那时只想摆脱贫困，让母亲享福。伊斯曼神采飞扬地告诉阿特牟逊，有时连续七十二小时不睡觉，最后终于有了想要的生活。去日本考察业务时，他买了一把经太阳一晒就纷纷剥落油漆的椅子，并买了油漆重新漆上。同时邀请朋友一同用餐，让朋友再见识一下自己的油漆技术。

阿特牟逊看到那是一把普通的椅子，和亿万富翁的身份毫不相配。阿特牟逊左看右看这把椅子，对油漆技术夸奖不已，捎带说了自己的来意。伊斯曼立即在阿特牟逊的订单上签了字，并提前给了一笔定金。

阿特牟逊看准了伊斯曼热衷的、最在乎的、在工作中忽视了的夸奖，从而获得了成功。

对于不同职业、不同文化程度的人，恭维也应有所区别。对待商人，如果恭维他才高八斗，学富五车显然不行；而对文化人说他如何财源广进，财运亨通更是不妥；对于政府要员，你若说他生财有道，他定以为你是说他贪污受贿。同时也还要注意掌握好恭维的分寸——不可太过，否则就成拍马屁了。

谈话结束时，说点儿称赞的话作为点睛之笔

有时候，左右整个谈话成败的结果，不是在热烈的现场，而是分手时最后一刻的印象。心理学家和生理学家一致认为：人的记忆和印象，都是受到"记忆的系列位置"的深刻影响。也可以理解成：

开头和结尾是宴会或者演讲、会晤过程中，给人印象最深的环节，具有左右个人记忆的作用。

如果我们在会面的过程中，常夸奖对方，可能会引起对方的反感，认为我们过于阿谀奉承。但是在分手时赞美对方几句，却能起到超乎想象的积极作用。

结束语不仅是对交谈做一番总结，还为下次交谈的成败奠定了良好的基础，能起到画龙点睛的作用，增强谈话的效果。同时给人回味的空间，留下懂礼仪、善言谈的印象，使对方渴望下次继续与我们会面。

没有人不会被真心实意地赞美所触动

英国社会关系专家卡斯利博士曾说过："大多数人选择朋友都是以对方是否出于真诚而决定的。"每个人都应该真诚待人，并珍视他人的真诚，它是人际交往中最重要的准则，真诚地赞美他人会让我们赢得更多的朋友。

赞美他人的话是一种沟通和人际交往的技巧，并不是随便说几句恭维的话就可以称为赞美了。事实上，赞美他人必须遵循一定的原则和技巧，无缘由、无出处的乱赞美一气，只会招致他人的厌恶。赞美要发自内心，要真诚。赞美的话要说到对方心坎儿里，这样对方才容易接受，才能起到赞美的效果。

没有人不会被真心诚意的赞美所触动

世界上并不缺少美，而是缺少发现美的眼睛，我们要善于发现美。用灰暗的心情看世界，世界是灰暗的；用欣赏的眼睛看世界，世界是美好的。看人也是这样，如同雪地上的梅花，每个人身上都有亮点，我们一方面要接纳自己，勇于表现自己的长处，同时也要懂得站在他人的角度，了解他人的感受，欣赏别人的长处，并给予真诚的赞美。

耶鲁大学著名的教授威廉·莱昂·弗尔帕斯经历过这样一件事：有一年夏天又闷又热，他走进列车拥挤的餐车去吃午饭，在服务员递给他菜单的时候，他说："今天那些在炉子边儿烧菜的小伙子一定是够受的了。"那位服务员听了后吃惊地看着他说："上这儿来的人不是抱怨这里的食物，便是指责这里的服务，要不就是因为车厢里闷热大发牢骚。19 年来，您是第一位对我们表示同情的人。"弗尔帕斯得出结论说："人们所想要的是一点儿作为人所应享有的被关注。"而人们想要别人来关注的地方往往是自己所能忍受下来的痛苦，就正如夏天里在火炉旁烧菜的煎熬。

真诚是人际交往的重要原则，缺乏真诚的人很难与他人建立起良好的人际关系。赞美他人也是如此，如果我们的赞美不是真心诚意的，对方就不会接受这种赞美，甚至会怀疑我们的意图和动机。要知道，没有人不会被真心诚意的赞赏所触动。

赞美不真诚，攻心会失败

俗话说，精诚所至，金石为开。打开别人心防，诚心地赞美就是最好的钥匙。人际场上，得人心者可得人无限好感；人生中，得人心者得天下。了解这一心理策略后，千万不要忽略了赞美的真诚度，切莫因为在这一点上的疏忽而攻心失败，进而导致难得人好感，同时还给人留下了不好的印象，最终得不偿失。

一天，同时有两个人来求卢比办事，卢比是镇上一位权高位重的大人物。因此，很多人都会去求他办事，凡是不违背道义和做人原则的正义之事，他都会尽力帮助。

这天，卡洛和麦德同时登门拜访。卡洛从他一进门的那一刻开始，便不断地称赞卢比，就连卢比家的小花猫，他也赞不绝口地说："卢比先生，您真是品位非凡，养了一只这么独特的猫。"卢比说："它本是一只野猫，并没有什么独特之处。"见此状，卡洛转而开始赞美卢比的房子、孩子、家人以及仆人。直到他自己也不知道该说什么好话了，他才提出自己的请求，然后心满意足地离开了。但是，早就对他产生厌恶感的卢比完全没有要帮他的意思。

麦德没有这样，他默默地欣赏着卢比的房子，他也看到了窗外的花园，很是特别。于是麦德就自己对花园的看法，真心地表达了自己对它的喜爱，卢比听了很是受用，因为那是他亲手栽种的花园，而麦德的赞美也发自肺腑，这更让卢比满心欢喜。因此，麦德还没有说自己的难处，卢比就主动示好："麦德先生，遇到你可谓是遇到了知音。以后有什么需要帮忙的，你尽管开口。"就这样，麦德轻而易举地攻开了卢比的心防，赢得了卢比的喜欢，因而卢比也愿意帮他办事。

可见，赞美之言虽能帮我们更快地赢得人心，但若缺乏真诚，也无法把话说到对方心坎儿上，因而也就无法赢得对方的好感。所以，千万不要以为只要是赞美的话就能奏效，如果真的这么认为，并让自己成为一个处处乞讨他人欢心的人，那就大错特错了。

非语言地赞同他人更显真诚

身体和身体的接触会使人产生一种心灵相通的感觉，让他们有一种忠实、可靠之感。因此，在言语赞美同时，再加上一些动作来表达，更容易让对方感动，促进他人更加积极地投入谈话中。

1. 点头

当对方的谈话非常优美动听，很具有艺术性，非常具有影响力时，需要我们以言语或者点头称赞对方说得非常精彩；当对方的观点非常符合我们的想法时，或者我们非常认可对方的观点，内心表示赞同也可以点头，表示自己正在认真地听对方说话，这样更能调动说话人的积极性。

2. 微笑

倾听时善意的微笑能缩短人与人之间的距离，增加谈话双方的感情。一个会意的微笑，能传达出一个人正在很专心投入地听他人说话。如果是异性之间的交谈，面带微笑地听对方谈话，还能增加我们的个人魅力，提高谈话效果。

3. 竖起大拇指

当对方的言谈举止非常精彩时，我们可以夸张一点儿，竖起大拇指表示肯定和夸奖。在日常生活中，我们常常碰到有人兴奋地竖起大拇指，同时还伴随着“很好”“很棒”等词语，这样被夸赞者一定会更加兴奋不已。

4. 鼓掌

鼓掌是一种手势，也是一种象征，每个人都希望得到他人的掌声。掌声能使说话人继续表达，也让听众有参与感。被鼓掌的人对掌声理解为对自己的认可，证明自己的价值和重要性。

5. 拍肩

拍肩是一种表达态度的非常亲和的赞扬方式。让对方感受这是一种非常默契的真实感，将赞美之情由手传递到对方身上。

不过，由于中国人一向比较内敛，用身体接触表达赞美的时候，最好是在人少的场合循序渐进，不然可能会让对方一时难以接受，也很难传达我们的真情实感。只有让对方感到真真切切的赞美，才更容易在心灵深处受到感动，进而转化为迸发的力量和潜能，增加彼此间的谈话效率。

期待式赞美，给人以勇往直前的力量

赞美，是对他人的闪光点的一种发自内心地欣赏和肯定，是人们为人处世的一种健康心态，是对待世界的一种积极态度。有些人会因为得到别人的赞赏和鼓励而取得更好的成就，反之，有些人可能会因为受到批评而自暴自弃、放弃努力。

真诚而发自内心的赞美可以改善我们的人际关系，使我们不论在职场上，还是生活上均畅通无阻。赞美从某种意义上来讲，是一种有效的感情投资，当然，有付出就会有回报。赞美长辈，能使长辈愉悦，对我们越发爱护；赞美同事，能够联络彼此的感情，增强合作的效率，并且在工作中保持愉悦的心情；赞美下级，可以赢得人心，激发其工作热情和创造力，从而增强其团队意识，促进事业发展。

体谅他人的难处是最得体的赞美

太阳上也有黑点，因此人不可能没有缺陷。人在看自己时，往往只看到了优点，而在看别人时，却将过多的眼光集中在了别人的缺点上。因此，我们要善于容纳别人的弱点和缺点，发掘他人的优点和长处，不要将他全盘否定。

有一次，相声演员侯耀文对他的父亲侯宝林说："爸爸，我最近听到一些反映，说商店里某些服务员的态度差，常给顾客吃'冷面'。我想写段儿相声讽刺一下。"

侯老听了，沉思了一会儿，说："你想讽刺服务员，可你了解他们吗？工资不高，上班一站就是八九个钟点儿，多辛苦！再说，哪家不兴有个不顺心的事儿？谁能老有笑模样？又没吃'笑素'！顾客里头也有捣蛋的，遇上那号人，你乐得起来？我不是说服务员有缺点就不能讽刺，得先去搞点儿调查研究，了解他们的工作和生活，体谅人家的难处，那才能写出感情，批评得入理。”

侯老的一席话，充分地体现了他对他人的理解。只有理解他人的心理，了解他人的喜怒哀愁，才能把握好说话的内容与分寸，才能知道如何抓住对方的心理去赞美对方。

由衷的赞美来自宽容的心

由衷的赞美，犹如沙漠中的甘泉一样滋润着人的心灵，能给他人带来愉悦，能使他人受到鼓舞，还能够让我们的心灵在欣赏与赞美中得到净化。所以说，赞美是人际关系的润滑剂，可以约束人的行动，使人自觉地克服缺点，积极向上。

罗杰·罗尔斯是美国纽约州历史上第一位黑人州长。他出生在纽约声名狼藉的大沙头贫民窟，那里不仅环境肮脏、充满暴力，而且鱼龙混杂，是偷渡者和流浪汉的聚集地。生活在这样的环境中，对很多孩子来说，逃学、打架、偷窃甚至吸毒都是家常便饭，因此从这里出去的人很少能找到体面的工作。

然而，无论多么恶劣的环境总有出淤泥而不染的人存在。罗杰·罗尔斯就是这样的人，他不仅考上了大学，还做了州长。在就职后的记者招待会上，很多记者都对他的成长史很感兴趣，但是罗杰·罗尔斯对自己的奋斗史只字未提，而是给记者们讲述了对他的人生产生重要影响的人——皮尔·保罗的故事。

罗尔斯的小学时光是在诺必塔度过的，那时正值嬉皮士流行。皮尔·保罗担任诺必塔小学校长不久就发现情况比他想象的还要糟糕，孩子们没有目标，整天无所事事，旷课、斗殴，甚至为了逃避上课经常砸烂教室的黑板和玻璃。为了帮助他们，皮尔·保罗绞尽脑汁，试了很多方法，但是都以失败而告终。

经过长时间的相处，皮尔·保罗发现这群孩子都很迷信，于是他觉得有一个办法也许可以让孩子们听从自己的劝导，那就是在上课的时候给学生看手相。他希望用这个办法来鼓励学生，帮助他们树立信心，改掉之前的坏习惯。

有一天，当罗尔斯从窗台上跳下来，走向讲台并将他的小手伸向皮尔·保罗时，他绝对不会想到这会改变他的一生。皮尔·保罗仔细地看过他的手掌后，十分真诚地说："我一看你修长的小拇指就知道，将来你一定会成为纽约州的州长。"罗尔斯听到皮尔·保罗的话后整个人都呆住了，因为长这么大，他听过最振奋人心的话，就是奶奶所说的，他可以成为五吨重的小船的船长。可是现在，他有点儿不敢相信自己的耳朵。但是显然这话对一个小学生来讲很受用。罗尔斯记下了这句话，并且坚信自己将来一定会成为纽约州的州长。

从那儿以后，罗尔斯一改之前的颓废作风，时刻以自己认知中的"纽约州州长"的标准来要求自己：衣服干净整洁，没有一丝褶皱；不说脏话；远离逃学和斗殴；走路时挺直腰杆儿；礼貌地和身边的人讲话。这一坚持就是四十余年，五十一岁那年，他终于梦想成真，当上了纽约州的州长。

试想一下，如果这位最终实现自己理想成为州长的顽童，当时没有得到校长的赞美，还会取得日后的成功吗？答案不言而喻。

学会赞美他人，在生活中学习和掌握好这一生活的智慧，以欣赏的目光去看待他人，会让我们敞开心胸，放宽眼光，看到更美丽、更和谐的社会和人生。

洛克菲勒曾经说："要想充分发挥员工的才能，最有效的方法就是赞美和鼓励。一个成功的领导者，应当学会如何真诚地去赞许人，诱导他们去工作。我总是深恶挑别人的错误，而从不吝惜说他人的好处。事实也证明，企业的任何一项成就，都是在被嘉奖的气氛下取得的。”

洛克菲勒成功的秘诀之一，就是真诚地赞美他人。赞美可以让人处于愉快的情绪状态中，可以强化人的行为。人们只有主观上认为自己想做才会去做，并且做得更好，赞美可以帮我们做到这一点。用赞美的方法来解决问题，在教育中起到了极为重要的作用。

一位从事教育的官员报告说：“我们决定以称赞别人来代替挑剔别人。但当我们看到他们做的都是负面的事情时，赞美就非常不容易做到了。要找些事情来称许，真的是很难。我们想办法去找了他们值得让人赞美的事情，而他们以前所做的那些令人不高兴的事，真的不再发生了。接着，他们开始照着我们的赞许去做了。居然出乎常规，他们乖得连我们也不敢相信。虽然偶尔会犯错，但总是比以前好得多了。现在我们不必再像以前那样纠正他们，孩子们做对的事要比做错的事多得多。这些全都是赞美的功劳。即使赞美他最细微的进步，也比斥责他的过失要好得多。”学会赞美别人，人与人之间便会少一点儿冷漠和戒备，多一丝温暖和理解。

精准而具体的赞美更加打动人心

在电影《画壁》中有这么一个细节：闫妮演的姑姑每天早上都会问下面的仙女：“我美吗？”仙女会齐声回答说：“美。”姑姑淡淡地笑笑，转头问芍药：“芍药，你说我美吗？”芍药说：“姑姑今天很美。蓝色的眼影和蓝色的纱裙相呼应，发髻也挽得很别致。”姑姑听后“哈哈”大笑，愉悦之情溢于言表。

赞美能让双方的情绪愉快，在和谐的氛围中继续交谈。但是，这一切的前提是你的赞美必须具体而且言之有物。如果我们能具体说出对方好在什么地方，而这些具体内容又是实际存在的，那么对方就会因此感受到我们的真诚、亲切与可信。

因为只有用心而细致地观察对方，才能说出对方的优点，说得越具体，说明我们关注对方越多。所以，只有详细具体、言之有物的赞美才能打动人心。

给对方最想要的赞美

任何人赞美的目的都是打动对方，获得好感。而空洞、没有实际内容的赞美，都是无意义的。因为没有具体内容的赞美会使对方产生莫名其妙、虚情假意之感，从而关闭心门并疏远赞美者。只有最真诚的语言才是最美、最能打动人的语言，而只有用心观察和思考后说出具体事实的赞美之辞才是最真诚的褒奖。

美国前总统罗斯福因为下肢瘫痪，不能使用普通的小汽车。克莱斯勒公司为他制造了一辆汽车。工程师刚把汽车送到了白宫，总统立刻对它表示了极大的兴趣。他说："我觉得不可思议，你只要一按按钮，车子就开起来，驾驶毫不费力，真妙。"他的朋友和同事们也在一旁欣赏汽车。总统当着大家的面夸奖："我真感谢你们花费时间和精力研制了这辆车，这是件了不起的事。"总统接着欣赏了散热器、特制后视镜、钟、车灯等，换句话说，他注意并提到了每一个细节，他知道工人为这些细节花费了不少心思。总统还坚持让他的夫人、劳工部长和他的秘书注意这些装置。

这种具体化的赞美让人感觉到了真心实意。因此，赞美话一定要切合实际，言之有物。若要取得他人的喜欢，我们就要尽量发现他人的兴趣并加以发挥。赞美对方最近的工作成绩、最心爱的宠物、最费心血的设计等，比说上许多无谓虚浮的客套话更为明智。发自内心的关心别人的某一种特质，必使人在欣喜之外还觉得感激。

请教式赞美能让自己收获更多

“好为人师”的自大心理每个人都会有。为了满足这样的心理需求，当我们有求于别人时，不妨以低姿态，有针对性地请对方指导。以自己的平凡凸显对方的知识渊博，起到赞美的作用。请教的方式如果不是太过，恰到好处地使用，既给人留下了虚心好学的印象，又成功地赞美了别人。

乾隆皇帝喜欢在处理政事之机品茶、论诗，他对茶道颇有见地，并引以为荣。有一天，宰相张廷玉精疲力竭地回到家刚想休息，乾隆忽然来造访，张廷玉感到莫大的荣幸，称赞乾隆道：“臣在先帝手里办了十三年差，从没有这个先例，哪有皇上来看下臣的！真是折杀老臣了！”张廷玉深知乾隆好茶，便命令把家里的隔年雪水挖出来煎茶给乾隆品尝。

乾隆很高兴地招呼随从坐下，“今儿个我们都是客，不要拘君臣之礼。坐而论道品茗，不亦乐乎？”水开时，乾隆亲自给各位泡茶，还讲了一番茶经，张廷玉听后由衷地赞美道：“我哪里懂得这些，只知道吃茶可以解渴提神。一样的水和茶，却从没闻过这样的香味。”

李卫也乘机称赞道：“皇上圣学渊深，真叫人瞠目结舌，吃一口茶竟然有这么多的学问！”乾隆听后心花怒放，谈兴大发，从“茶乃水中君子、酒乃水中小人”开始论起“宽猛之道”，真是妙语连珠，滔滔不绝，众臣洗耳恭听。

乾隆的话刚结束，张廷玉赞道：“下臣在上书房办差几十年，只要不病，与圣祖、先帝算是朝夕相伴。午夜扪心，凭天良说话，私心里常也有圣祖宽、先帝严，一朝天子一朝臣这个想头。我为臣子的，尽忠尽职而已。对陛下的旨意，尽力往好处办，以为这就是贤能宰相。今儿个皇上这番宏论，从孔孟仁恕之道发端，虽然只是三个字‘趋中庸’，却比讲三朝政治更加振聋发聩，令人心目一开。皇上圣学，真是到了登峰造极的地步。”其他人也都随声附和，乾隆大大地满足了一把。

张廷玉和李卫作为乾隆的臣下，都深知乾隆对自己的杂经和“宏论”引以为豪，而张李二人便投其所好，对其大加赞美，达到了取悦皇帝的目的。

赞美他人要言之有物

我们都知道，语言是人类不可缺少的交流工具，人类的语言从最初的结绳记事发展到现在可以任意抒发自己的情感，记录一切想记录的事情，这是多么伟大的成就，而赞美就是将人类的语言运用到极致的艺术之一。如果一个人只是告诉他人“你很漂亮”，那么，对方只会感到莫名其妙，如果告诉对方“你的眼睛很动人”或者“你有一头乌黑的长发，”很明显，这样的赞美更贴切、具体。那么，我们该怎样避免言之无物的赞美呢？

1. 赞美的话要建立在了解对方的基础上

赞美别人的时候要提前了解别人，这样我们才能把赞美的话说到点子上。例如，一个人刚与对方结识，还不知道对方的情况，就对对方说：“一看你，就知道你最近发财了。”而实际上，对方的生意做得一直很糟糕，那么，他的赞美自然会被当成耳边风。

2. 赞美别人要拿捏心情

当一个人伤心难过时，我们的赞美无疑会让对方觉得你是在看笑话。比如，有人考试没通过，却有人赞美他学习刻苦用功，这不就是在嘲笑对方瞎用功吗？在赞美别人时，一定要从对方的语气、神情上判断出对方的心情是否愉悦。

3. 善于发掘对方“不为人知”的优点

每个人都有优点和美，只是我们缺少发现的眼睛。在平时的工作中，我们要让自己做一个有心人，就对方那些“不为人知”的优点进行赞美，如此肯定能感动对方。

另外，我们需要明白，在交流时，别人会通过我们的眼神来甄别真伪。要注意，与人交流的时候，目光不要逃避和他人的眼神碰触，也不要四处游走，更不要望着天花板或地，因为人在说谎时，眼神会有这些反应。否则，别人很难感受到你的真诚。

言之有物的赞美需要我们平常在生活中用心观察，善于发现别人看不到的优点和长处，并铭记于心。会说话的人往往会抓住对方在某方面的细节进行赞美，这样很容易博得对方的好感，不但会给对方带来心理满足，而且会加深彼此的感情沟通。

剑走偏锋式赞美令人印象深刻

喜欢被别人恭维的心理每个人都有，平时说讨厌恭维的人，其实在内心深处也是喜欢听恭维话的。恭维话要说得有水平、巧妙、不露丝毫痕迹、不显山、不露水恰到好处，被赞美的人才会更加怡然自得。

人是感性动物，尽管知道赞美是阿谀逢迎，但被别人赞扬时，还是会现出喜悦、害羞的神情。更有些人习惯了别人捧着，就算听到言过其实的赞美，也会得意扬扬。倘若再进一步加大奉承的力度，更会喜不自禁、飘飘欲仙。

人际关系的润滑油就是赞美的语言，灵活运用赞美是人际关系的关键。赞美不嫌多，不能只说一次便不提了，这样难以发挥效果。如果抓住对方喜欢的，剑走偏锋式地不断上升赞美，就能达到上乘效果。

细微处赞美，润物细无声

赞美不仅要抓住对方大致的心理波动，而且要于细微之处下功夫，这样既能得到“润物细无声”的效果，又有极强的针对性。

1971年7月29日，基辛格率代表团秘密访华，进行打破了中美中断二十年外交僵局的谈判。来华前，尼克松总统曾不止一次为他们设想这次会谈的情形，以为中方会大拍桌子叫喊“打倒美帝国主义”，勒令他们退出台湾，滚出东南亚。为此基辛格一行人心里非常紧张。

但事实出乎他们的意料。周恩来总理在钓鱼台国宾馆亲切会见了他们。周恩来前总理微笑着握着基辛格的手，友好地说：“这是中美两国高级官员二十几年来第一次握手。”当基辛格把随行人员一一介绍给周恩来总理时，他的赞美更出乎他们的意料。

他握住霍尔德里奇的手说：“我知道，你会讲北京话，还会讲广东话。广东话连我都讲不好。你是在香港学的吧！”又对斯迈泽说：“我读过你在《外交季刊》上发表的关于日本的论文，希望你也写一篇关于中国的。”最后他握住洛德的手，“小伙子，好年轻，我们该是半个亲戚，我知道你的妻子是中国人，在写小说。我愿意读到她的书，欢迎她回来访问。”

周总理简短的欢迎词里蕴含了高超的赞美技巧。他了解到基辛格一行人的紧张心情，在严肃的外交场合，他有意淡化了政治角色，而是抓住细微之处，拉家常似的，对其语言才能、论文、家庭成员进行了一番巧妙的赞美。称赞得既亲切又得体，缓解了对方的紧张情绪，使基辛格一行人对中国的领导人顿生敬意，认识到中国人民的友好态度，可谓是一箭双雕。

周恩来总理能做到这一点，是事前细心准备的结果。他先对基辛格一行人的工作、生活资料做了一定的了解，准确地找出他们在外交场合一般不为人所提及的细小之处。同时，周恩来总理对他们来华的心理做了大致分析，才会有外交场合亲切的言辞和出色的表现。

剑走偏锋，从细节之处加以赞美

赞美别人时，选优点赞美不如选大家不注意的细节进行赞美，这样将会收到更好的效果。会说话的高情商者，也是善于抓住对方细小的闪光点，加以赞扬，得到对方赞誉的人。

多那·麦克马洪受聘到鼎鼎有名的法官家里设计庭园。这位法官忙于公事，只能抽空看一下设计进度。法官告诉麦克马洪将杧果树和樱花栽到具体地方时，麦克马洪答应之后，随口问道："法官，听说你养了很多名贵的马，还囊括了不少奖品。"没想到这不经意的赞美，竟产生了无比的威力。

法官高兴地说："是啊！我很高兴你能关注这件事。我如果邀请你参观一下我的养马场，你愿意去吗？"麦克马洪发现每一匹马都是那么健壮，善于奔跑，把最具特色的马匹进行了赞美。法官回到庭园时，意犹未尽，进屋取出奖品和马的血统证书给麦克马洪看，并向他讲解了关于马匹的知识。随后问道："你家有男孩吗？"麦克马洪说有之后，法官答应送给他一匹马。

一句不经意的称赞，不但使法官和麦克马洪聊起了天，并受邀参观养马场，还送他昂贵的礼物，赢得法官的欢心和珍贵的友谊。

借助第三方之口，说出我们的赞美

第三方听来的事迹也可以用在初次见面的交谈上，有可能起到不一样的作用。借助他人的嘴，说出我们的赞美，这种间接赞美在初次见面时比较有效。利用第三方提供的事迹当面夸奖对方，虽然是为了自己主动，但是如果直接转述给对方这些事迹、传言，恐怕只会遭到轻蔑。就算对方的传言对我们来说十分新鲜，赞美对方的时候，也要避开众所周知的赞美之词，加大力度赞美他不为人所知的一面。

金庸与池田大作在1997年展开一次对话。金庸谦虚地说："我虽然跟过去与会长谈过的世界知名人士不在同一个水平，但我很高兴尽我所能与会长对话。"池田大作说："您太谦虚了。在您的72年的人生中，每一个脚印都值得我们铭记和追念。正如大家所说的'有中国人之处，必有金庸之作'，先生享有如此盛名，当之无愧是中国文学的巨匠，是处于亚洲巅峰的文豪。而且您又是世界'繁荣与和平'的香港舆论界的旗手，正是名副其实的'笔的战士'。"

池田大作采用了第三方之口的赞美方式来赞美作家金庸，既不失公允，又恰到好处地表达了自己的心声和佩服之情。

固定模式、千篇一律的赞美，很难达到赞美的效果。对经常接受赞美人来说，这样的赞美令人生厌，并且会给人留下爱谄媚的小人形象。所以，赞美一定不要和人雷同，要推陈出新。其实，不管是多伟大的人物，都有尚未被发现的细节之处，再普通的人也有独特的闪光之处，值得我们费心挖掘。

把握赞美的尺度，阿谀奉承招人烦

使他人快乐和讨好他人是两回事。使他人快乐考虑的是对方而不是自己，讨好他人则刚好相反，它处处计较个人的得失。我们应该把握各种分寸，用真心赞美我们周围值得赞美的人和事。

赞美与阿谀奉承有着本质的区别。赞美是对他人优点和长处给予发自内心的肯定和欣赏，给对方以精神上的激励和鼓舞，同时，也是为满足人际交往中维系感情的需要。而阿谀奉承则是出于某种不可告人的企图，极尽谄媚，甚至牺牲自己的尊严去迎合对方的虚荣心，明显是趋炎附势，巴结讨好权威。正如卡耐基所说："奉承是从牙缝中挤出来的，而赞美是发自心灵的。"

赞美是建立在实事求是基础上的

在多数社交场合，我们一直都致力于如何取悦他人，想尽办法用赞美来赢得更多的关注，为个人的追求和索取创造更好的机会。可是，我们往往忽略了赞美的前提——实事求是。

一位作家曾在他的书中写道："在二十岁的时候，我曾经去拜访父亲的一位朋友，希望从他那儿得到一些工作上的帮助。当时我们在一家咖啡厅见面，我故作深沉和老套，当着他的面儿说了很多中听的话，甚至添油加醋地说了一些父亲对他的好评。我以为事情一定会得到圆满的解决，但交流中他一直保持沉默，转着杯子，礼貌性地微笑，我知道他正在变得越来越不耐烦。当我们分开后，他并没有给我打来电话，也未给我提供任何帮助。"

事实上，诚实是为赞美加分的一个重要前提，尊重事实的恭维才能够让人坦然接受，激发出对方的自豪感。相反，当我们编造一些不合时宜或者不存在的事情强加到对方身上，哪怕是赞美，也会毫无意义。因此，任何人都不能为了赞美而赞美，不能将原本美好的东西渲染成一个根本不存在的、虚伪的掩饰。

过分夸张的赞美会引起反感

一个会讲话的人，一个善于赞美别人的人，应该善于把握一个合理的度。他们该知道什么时候去赞美别人，如何赞美别人，赞美的要点应该停留在哪里。这远比盲目增加赞美的内容和力度更加巧妙与高效。换句话说，一个会讲话的人，应该懂得掌握好赞美的分寸，避免陷入过度恭维的状态。

德国西门子公司当年准备和爱立信公司进行合作，西门子谈判者在谈判过程中一连说了十几项“最好”来称赞对方，包括最好的团队、最好的技术以及最好的设计方案等，没想到爱立信的高层非常反感这些过分夸大的事实，他们认为这不符合西门子一贯的作风，因此取消了合作。

在评价别人的能力或者产品时，应该实事求是，避免使用“最好”“第一”“最出色”等过分夸张的字眼，以免引起对方的怀疑与反感。

美化对方的缺点是最愚蠢的表现

当别人身上表现出某种缺点时，很多谈话者会故意美化对方的缺点来迎合对方。这样做往往会弄巧成拙，不仅会让人觉得太过虚伪，还会凸显出对方的这个缺点，结果适得其反。事实上，美化对方的缺点，是最愚蠢的表现。

法国作家埃里克是个秃顶，他常常为此感到苦恼，每次出门都会戴上帽子遮掩。有一次，一个新人作家前去拜访埃里克，交谈中，他突然说自己也希望像埃里克那样秃顶，因为那样看起来会更加成熟和睿智。他原本是想取悦埃里克，结果却被愤怒的埃里克轰出了家门。

很多人从挑起话题的第一句话开始，一直到谈话的结尾，全程的内容都是一些赞美之词，这是对他人能力和优点的过度消费。这样做显然会让对方感到心烦，相信对方会迫不及待地想要结束这一段谈话。

其实，与人谈话时，最重要的就是做到言之有据，只有将所有的赞美建立在事实的基础之上，他人才能够舒舒服服地接受我们抛给对方的善意和真心，才会愿意与我们建立更为亲密的关系。

把握分寸的赞美会带来好运

赞美是在工作、生活中很常见的一种做法，敬酒的时候赞美一下领导，推销产品的时候赞美一下客户，可以说赞美之词无处不在。如果想与陌生人搭讪，为了尽快和对方建立关系，成为朋友，恰当而有分寸的赞美是不可或缺的。

魏明亮在北京国贸一家外语培训机构上班，每次中午吃饭时，他都能看到一位穿着工作制服的女孩儿在离自己不远处吃饭。时间久了，魏明亮在无形之中对女孩儿有了一种莫名的好感。

一次周末加班，魏明亮照例一个人到老地方吃饭，结果发现那个女孩儿也在。与往常一样，女孩儿依然专心盯着手机，不过，这次吃饭的人比往常少了许多。所以，魏明亮下定决心一定要在今天去和对方打声招呼。魏明亮走到女孩儿对面的座位，很自然地问了一句："请问这个位置有人吗？"

女孩儿抬头看了魏明亮一眼，微笑着回了一句："没人，你随便坐吧。"随后，她的眼睛又回到了手机屏幕上。

魏明亮有点尴尬，不过他还是及时调整了一下，说道："我经常来这个地方吃饭，而且也经常在这里看到你，不知道你对我是否有印象？"

听到这里，女孩儿终于放下了手机，抬头又重新审视了一下他，说："抱歉，因为这里每天吃饭的人很多，所以对你没什么印象。"

魏明亮说："哦，没关系，因为你比较特别，所以比较容易引人关注，而我太普通了。"

女孩说："特别？我有什么特别的？"

“每次吃饭的时候，你都低着头看手机，好像周围的世界对你而言都不存在似的。”

“哦，这个啊！其实我也不是玩儿手机，而是在手机上背单词，因为过段时间我要被公司派遣到国外学习一段时间，还要参加一个考试，所以最近比较忙。”

“被公司派遣出国学习，了不起，看来公司很重视你啊！你是做什么工作的？”

“会计。”

“那你一定是公司的业务骨干了？”

“还行吧，反正公司涉及学习以及新人培训这一块儿都是由我来主导的。这次去国外，主要是向一家世界500强企业学习，争取把对方的先进方法用到我们公司以后的改革中去。”

“你刚才说你在背单词，正好，我也是英语培训方面的老师，这是我的名片，如果有什么我能帮上忙的，一定效力。”就这样，魏明亮和这个女孩儿建立了联系。

当魏明亮知道这个女孩儿是在背单词的时候，他并没有急于表现自己，亮出自己是英语培训老师的身份。事实上，正是魏明亮适时而有分寸的赞美将话语权交给了女方，当女孩儿谈起自己引以为傲的职业时，确实滔滔不绝，这在无形之中拉近了两个人的距离。

阿伦森效应：先抑后扬式赞美给人惊喜

人们最喜欢那些对自己的喜欢和赞赏不断增加的人，不喜欢对那些自己的欣赏不断减少的人。这就是心理学上所说的“阿伦森效应”，掌握这一效应，我们将能巧妙地打动人心。

在人际交往中，我们可以利用“阿伦森效应”：为了有效地达到“从否定到肯定”的心理递进效果，我们需要巧妙地赞美对方，制造出一种动态的、螺旋式上升的“心理曲线”，不断增加对方对我们的好感。

阿伦森效应

美国社会心理学家艾略特·阿伦森与林德在校园内邀请了很多大学生作为实验被试。所有的被试被随机分成四组，每一组中都有一位被试是研究者助手假扮的。在实验过程中，这些假被试被安排成为每一组的临时负责人。

在每次实验的休息期间，这名被试会离开组员，到研究者的办公室向其汇报实验进行的情况，其中会谈到他对其他被试的印象和评价。事实上，被试的休息室与研究者的办公室只有一墙之隔，经过实验室巧妙的安排，虽然两人压低声音说话，被试一样能非常清楚地听到别人是如何评价自己的。实验的目标是通过对四组人进行不同的评价，从而观察哪一组对假被试者，即研究者助手最具有好感。

实验分为四个情景：

假被试者对第一组成员始终赞赏有加：假被试从一开始就用非常欣赏的语气说这些人是多么好，他非常喜欢他们；

假被试者对第二组成员始终贬损否定：假被试从始至终都对他们持否定态度，总是抱怨这些人不好，他有多么讨厌他们；

假被试者对第三组成员先褒后贬：先对他们进行肯定的评价，后面几次开始从肯定赞赏语气转向为否定的语气，呈现一个逐渐降低的评价倾向。

假被试者对第四组成员先贬后褒：先对他们进行不好的评价，然后慢慢地由否定语气转变为肯定、欣赏的语气，呈现出一个逐渐上升的评价趋势。

经过十次的评价后，研究者问所有组被试，他们在多大程度上喜欢这个假被试，即研究者助手。让被试从 −10 到 +10 评分等级给这个助手打分。实验结果得出所有组被试对助手的得分平均分：第一组为 +6.42，第二组为 +2.52，第三组为 +0.78，第四组为 +7.67。

根据实验结果，阿伦森认为，人们都喜欢那些对自己表现出欣赏、赞赏的态度和行为不断增加的人，而反感那些对自己喜欢或欣赏程度不断减少的人。

先抑后扬，带来意外惊喜

阿伦森试验中已经表明先被否定后被肯定的人最为满意，那么我们就应该学习这种方法，把其应用到现实生活中，来赢得他人的好感。

某公司自成立以来，多年盈利，蒸蒸日上，然而遇到了经济危机，这一年的盈余突然出现了大幅滑落。这绝不能怪员工，因为大家为公司拼命地情况，丝毫不比往年差，甚至可以说，由于人人意识到经济的不景气，干得还比以前更卖力。

然而，这也就愈发加重了董事长的心头负担，因为眼看着就要过年了，按照往年惯例，年终奖金最少也要加发两个月，多的时候，甚至再加倍。

可是今年公司效益不好，算来算去，顶多也只能给一个月的奖金了。

一天，他找到总经理商讨这件事情，董事长说：“这么多年下来，都是给几个月的奖金，员工都已经习惯了，如果要让他们知道今年只发一个月的奖金，不知道员工的士气该怎样低落呢！许多员工都以为今年最少得发两个月的奖金，恐怕飞机票、新家具都订好了，只等拿到奖金就可以出去度假或付账单呢！这可怎么办呢？”

总经理也愁眉苦脸了：“好像给孩子糖吃，每次都抓一大把，现在突然改成两颗，小孩一定会吵。”

“对了！”董事长突然灵机一动，“你倒使我想起小时候到店里买糖，当时我们总喜欢找同一个店员，因为别的店员都先抓一大把，拿去称，然后再一颗颗地往回扣。可是唯有那个店员做法不同，他每次都抓不足重量，然后一颗颗往上加。说实在话，最后拿到的糖没有什么不同，但我就是喜欢去那位店员那里买糖果，感觉买得多。要么，咱们就这么办吧……”没过两天，公司突然传出小道消息。

“由于营业不佳，年底要裁员……”人们听到这个消息，顿时人心惶惶了，每个人都在猜会不会是自己。最基层的员工想：“一定由下面开始裁员。”上面的主管则想：“我的薪水最高，只怕从我这里开刀！”

但是，紧跟着总经理又宣布了一件事情：“公司虽然艰苦，但大家同在一条船，再怎么危险，也不愿牺牲共患难的同事，只是年终奖金，绝不可能发了。”

听说不裁员，员工心头上的石头总算落了地，那不至于卷铺盖走人的窃喜，早压过了没有年终奖金的失落。

眼看除夕将至，人人都做了过个穷年的打算，彼此约好拜年不送礼，以共度时艰。突然，董事长召集各部门主管开会。看主管们匆匆上楼，员工们面面相觑，心里都有点七上八下：“难道又变了卦？”

是变了卦，没几分钟，主管们纷纷冲进自己的部门，兴奋地高喊着：“有了！有了！还是有年终奖金的，整整一个月，马上发下来，让大家过个好年！”

整个公司大楼，爆发出一片欢呼，连坐在顶楼的董事长，都感觉到了地板的震动……

这位董事长给那些不会发奖金的老板上了一课。与其因最好的企盼，造成最大的失望，不如先抑后扬，用最坏的打算，带来意外的欣喜。

如果我们想要合理地利用“阿伦森效应”来赢得他人的好感，就要从该效应的反面着手，不要在开始的时候就一鼓作气地将自己的全部优点展露无遗，如果我们不能保证始终做到最好，那就不要在一开始倾尽全力；对待他人，也不要一开始就毫无保留地赞赏，让好感一点点增加，对方会更加满足，渐增的好感会让我们建立起更加牢固的人际关系。

PRECISE EXPRESSION

第三章

批评绕着说，给对方留足面子

人无完人。在这个世界上，没有人不犯错误。批评的目的是为了帮助他人了解到自己的不当之处或者过失，帮助其日后改进。好的批评能让对方乐意接受并使其改善缺点，对方不仅不排斥，还会感激你。批评对谁来说都不是一件让人愉快的事，但是如果你能够掌握批评的技巧和方法的话，相信你和他人的交流将会变得更加容易。

批评要顾及对方的感受和面子

卡耐基说：永远不要当面指正他人的错误，更不要过分地批评和责备别人，那样会让人很没面子，内心因为抵触、抗拒而拒绝接受，更不要说改正了。在人际交往中，如果我们想要让批评起到良好的功效，那么一定不要损害他人的自尊心。即使我们的动机是好的，并有充足的理由批评对方，也仍要注意顾全他人的感受。

有些时候，有些人明明知道自己做错了事情，但出于面子，也死扛着不愿承认；很多人犯下错误时总会极力寻找理由为自己开脱，目的是保全自己的面子。这种现象并非个例，也不是少数，而是一个普遍性的社会问题，究其原因，不过是因为爱面子是人的天性。所以当别人犯错时，如果我们能给对方留出面子，不要过分指责，于他于已都是有利的。

适时说一些软话

真实的未必就是好的，有的时候，实话、直言不仅伤人心，而且也起不了作用。很多家庭关系的恶化，就是因为一方或多方说话太直，不懂得讲话的艺术。在直接批评会坏事的情况下，适时地说一些软话，往往能够达到充分的润滑作用，使得人际关系变得和谐，使得问题得到圆满解决。

邱悦是个安徽姑娘，在单亲家庭长大，嫁到西安后，不忍妈妈独自生活，便把妈妈接到了身边。本来和上一辈的人在同一个屋檐下居住就有诸多不便，再加上妈妈的脾气挺大，所以邱悦的丈夫没少遭罪，最难受的事情就是妈妈做饭很难吃。整天吃着让胃难受的饭菜，时间长了，丈夫经常在家愁眉苦脸的。

邱悦是个直性子的姑娘，没什么心计。看到老公不开心，她就直言：“你看我妈在这儿住着，你也不给个好脸色。”老公也没好气地说：“你能不能考虑一下我的感受？”邱悦一想，也是，妈妈做的饭菜确实难吃。于是邱悦就跟妈妈说：“您做了一辈子饭了，就不能提高下厨艺啊？”结果妈妈直接甩下一句话：“你还不是吃着我做的饭长这么大的？现在翅膀硬了，嫌我了是吗？”

丈夫那边说不通，妈妈这里也谈不拢。邱悦为难了，该怎么办呢？经过反复琢磨，邱悦终于开窍了。见到丈夫不耐烦，她开始装模作样地道歉：“都是我给你添了麻烦。”有时候说着说着还梨花带雨地哭了起来。丈夫一看，心软了，连忙说：“嗨，没事，不是你的错。都是一家人，相互体谅嘛。”

而对于妈妈做饭难吃的事情，她也不直接批评了，而是赞美道：“妈，您最近炒的菜比原来好吃多了，您放了什么好东西在里面啊？”妈妈说：“我什么都没有放啊。”邱悦说：“哦，那一定是您的火候掌握得好，还是您有经验，这火候掌握好了，炒的菜就是好吃，连粥都这么好喝。”听女儿这么夸奖，妈妈开心极了，结果妈妈对提高自己的厨艺充满了信心。从此，他们的家庭关系开始走上了良性发展的轨道。

不要以为委婉的话是对亲朋好友之外的人说的，其实，哪怕是至亲之间，也要经常说一说委婉的话，这样才能不伤感情。即使是你的妈妈，也不要用直愣愣的话来发表批评。对于一些非原则性的问题，没有必要斤斤计较；而对于原则性的问题，需要批评，也可以采取更加委婉的方式。道路不是只有一条，方法也不会只有一个，说话的方式是可以选择的。你想要达成好的沟通效果，带来良好的社会关系，就有必要动动脑筋，好好想一想怎么表达会更好？

给对方留个台阶

在交际场合中，能为陷入尴尬境地的对方提供一个恰当的台阶，以免使其丢面子，这是为人处世的智慧。这不仅能使你获得对方的好感，而且也有助于你为自己树立良好的社交形象。

客人迟迟不来，王老板不禁有些坐立不安，毕竟此次生意的成败关系到公司的兴衰。“先生，请您把脚放下来，好吗？”当训练有素的小陈一边添水一边委婉地轻声提醒时，王老板才发现自己竟不经意地把脚搁在对面的椅子上摇晃，并引起了其他客人的频频注视。等待得不耐烦了的王老板极为烦躁。不加思索，他带了怨气盯着小陈一字一句地说：“我偏不放下，你怎么办？”

有片刻的沉默，小陈笑了笑：“先生，您真幽默，出这样的题目来考我。我觉得你蛮有素质的。”说完，她很快转身就走，并且始终没有回头。稍后，王老板弯腰借弹烟灰的刹那，把脚放了下来。

小陈先以恰到好处的巧妙话语缓解了紧张气氛，又及时地离开给了宾客一个台阶下，令原来想要脾气的客人缓和了下来，并感觉不好意思再那样做。不仅维护了宾馆的大堂形象、服务形象，又给客人留足了尊严。可见在宾馆服务中掌握语言艺术与随机应变能力是何等的重要。

避开旁观者

一般在有第三方的情况下，即使是最温和的批评也会触怒对方，不论你的批评正确与否，他都会觉得你的批评让他在别人面前丢了尊严。批评别人的时候，最好在私下里进行。这样不仅有利于对方改正错误，还有利于人际关系的进一步融和。

我们也常常能够见到很多上司在会上点名批评下属，其实这种做法是不妥的，缺乏人性化。在众多下属面前批评一位下属，不但会打击士气，更会打击人心。他们会想下一个对象也许就是我，怀着忐忑不安的心开完会，或许他们在上司批评之后就有跳槽的想法。

最好的方式，就是不要在众人面前让下属的尊严扫地，而要在没有第三方在场时，一对一地单独约谈，要视对方对问题的认识程度，以及内心和思想根源进行批评。如果认为对方会因单刀直入的批评产生反感时，应和他离开工作场所，耐心地倾听对方陈述，然后再提出自已的规劝之意。

当然，对那种没有记性、不知悔改的人，采取在大众面前公开批评的方式也是可行的，但毕竟是一种不得已的最后手段。至于大家共同存在的问题，需要进行批评时，也不必明确地提出对象来，不点名地向全体提出，希望大家注意就可以了。

在批评他人时，最好不要直言其事，而是借助于寓言故事、历史典故、轶闻传说来讽喻说理；或借助于批评类似现象，引起对方联想、比照；或讲个小笑话，启发对方去思考，这种批评方式可称作旁敲侧击式。需要注意的一点是，尽量不要在公共场合批评人，无论对方是什么人，身份或辈分是否比你低，也不要肆意扩大批评的范围，尽可能让更少的人知道。

批评时应克制不良情绪，避免激怒对方

善于与人沟通的人批评他人，就像好的医生给病人治病。言语的尖刻并不一定能达到批评的效果。带着不良情绪的批评就像很苦的药丸，但是如果在药丸外面裹上糖衣，不但可以减轻患者的痛苦，而且使人很愿意接受。批评也一样，如果我们抱着尊重他人的态度，

以对方能够接受的方式来批评，就能避免将不良情绪带到人际交往中，从而与他人形成良性互动。

批评的时候，应该采用一种合理有效的方式，既要摆事实，也要婉转有度。如果你一味地抓住对方的错误进行挖苦，或者将对方的缺陷当成你茶余饭后的谈资，过分地伤害对方的自尊，这样做反而会适得其反，受批评的人因此会产生抵触情绪，他会以其人之道，还治其人之身。

随便指责是愚蠢的行为

批评不等于语无伦次的责备。批评的目的是使一个不正确的情形改正，而不是责备某个人。任何批评都要尊重事实、以理服人，这是进行批评的最基本的条件。不尊重事实的批评，纵使有再充分的理由，做出再精辟的分析，也都只能是无功而返。所以在批评他人时，我们要克制自己的不良情绪。

苏东坡的《河豚鱼说》讲了这样一个故事：南方的河里有一条豚鱼，游到一座桥下，撞在了桥柱上。它不怪自己不小心，也不想绕过桥柱，反而生起气来，认为是桥柱撞了自己。它气得张开嘴，竖起颚旁的鳍，胀起肚子，漂在水面上，很长时间一动也不动。飞过的老鹰看见它，一把抓起来，把它的肚子撕裂。这条豚鱼就这样成了老鹰的食物。苏东坡就此发表议论说：世上有在不应该发怒的时候发怒、结果遭到了不幸的人，就像这条河豚鱼，"因游而触物，不知罪己"。不去改正自己的错误，却"妄肆其忿，至于磔腹而死"，真是可悲。

尖锐的批评和攻击，所得的效果都是零。批评就像家鸽，最后总是飞回家里。当我们想指责或纠正他人时，他们会为自己辩解，甚至反过来攻击我们。成功的经验告诉我们：学会宽容和尊重，才能更好地与人相处。

利用逆反心理批评

罗宾森教授在《下决心的过程》一书中说过一段富有启示性的话："人，有时会很自然地改变自己的想法，但是如果有人说他错了，他就会恼火，更加固执己见。人，有时也会毫无根据地形成自己的想法，但是如果有人不同意他的想法，那反而会使他全心全意地去维护自己的想法。不是那些想法本身多么珍贵，而是他的自尊心受到了威胁……"罗宾森教授所说的"人"确实是这样。

杰森请了一位室内设计师为他布置一些窗帘。等到账单送来后，杰森大吃一惊：费用远远超过了他所预计的。过了几天，一位朋友来看他，问起窗帘的价格，他告诉朋友以后，朋友说："什么？这太过分了！他占了你的便宜了！你怎么会上当的呢？"

杰森吃亏了吗？是的，朋友说的是实话。可是没有人肯听别人否定自己判断力的实话。作为一个凡人，杰森开始为自己辩护了。他说："好货总有好货的价钱，你不能以便宜的价钱买到高质量的东西。"

第二天，另一位朋友也来拜访杰森；这位朋友不断地赞扬那些窗帘，表现得很有兴趣，说他要是负担得起的话，也希望在家里布置上这样的窗帘。此时，杰森的反应与昨天完全不一样了。他说："说实话，价钱太高了，我也负担不起。我后悔订了这些窗帘。"杰森甚至为自己的坦白直率而自豪起来。

可见，如果对方处理得巧妙而且和善可亲，我们也会承认自己的错误。但是，如果把难以下咽的事实硬塞进我们的食道里，结果就会适得其反。所以我们可以将这种普遍存在的逆反心理运用到人际沟通中，让批评多一些理性。

把握批评的心理条件

表扬或批评都是一种激励机制，目的都是激发对方的热情，让对方乐意做正确的事情。当一个人做错事或者失误时，无论是得到表扬还是批评，都是给其心理上增加能量。批评作为激励的重要组成部分，应建立在以下两个心理条件之上。

第一，尊重对方的人格。

谦恭的态度会让你的学识与经验在人际交往中自动放出光芒。即使你的身份、学识或经验非凡，也不要把它用以给别人施加压力，这会让别人感到反感和压抑。如果在话语间有轻视对方、故意嘲弄的言辞和行为，不仅达不到批评和促进感情的目的，可能还会因此伤害到已经建立的友谊。

第二，选择好批评的氛围。

不同的语言情境，不同的场合，可以造就不同的交际效果。当你在谈话中提及对方的不足或与对方在谈话中发生了争执时，最好保证以心平气和的态度来结束你们的谈话。

当然，批评的方式并不是一成不变的，需要结合当时的实际情况、所犯错误的性质、犯错人的性格特点等因素综合考虑，最终确定合适的批评方式。很多人为了照顾他人的面子，在批评他人时，总会再三斟酌，尽量让批评的话语较为温和、婉转。

可如此一来，反而会让批评的意思变得含糊笼统，他人也很难理解你真正要表达的意思，如此既达不到批评的目的，反而容易引起他人的反感。因此，在对方出现错误时及时指出，以避免出现更大的错误。

在索尼公司，所有员工都能人尽其才、安心工作，就是因为他们的管理者能够指出他们的错误并尊重每一位员工。在员工犯错时，领导会告诉他们问题在哪儿，然后帮他们一起找出现问题的原因。在索尼公司的管理者看来，只要知错能改、引以为戒就是好员工。

索尼的创始人盛田昭夫曾对其下属说："放手去做认为对的事，即便犯了错误，也可以从中得到经验教训，不再犯同样的错误。"他们认为错误出现了，解决的办法是就事论事，找出犯错误的原因，在不追究责任的前提下公之于众，不但能够让犯错误的员工吸取教训，对其他的员工也能起到引以为戒的作用。

在面对一些尖锐的问题时，我们通常可以先批评对方一些不痛不痒的小问题，这样有利于营造一个好的谈话氛围。在这种氛围中，随着问题的不断加深，自然而然地就会触及实质性问题。这种剥洋葱式的方法，会使对方在情绪上比较容易接受，进而接受你的意见。

批评应点到为止，避免打击对方

心理学家的研究结果显示，如果当事人对自己的错误已经知晓，那么还对他的错误进行重复式批评，非但不会有任何教育意义，反而会让他产生逆反心理，对错误漠然，进而我行我素；要么当事人会感觉自卑，对未来失去信心等。

人人都有犯错的时候，况且犯错者未必有心，而且错误也只是一时的。大多数时候，我们面对他人犯错，只需点到为止即可，过多的批评只会打击对方的积极性。因此，我们绝不能因对方一时之错而对其长期进行打压，尤其在犯错误者对自己的错误已经认知的情况下，鼓励与肯定才是最佳的处理办法。

用积极的方式批评

每个人都知道，批评会让人心情低落，如果处理不好，很可能会让人变得消极，这样对于工作、学习和生活都是不利的。批评是为了使人改正错误，但是除此之外，我们还应该有更高层次的目标和追求，那就是让人更加积极。

苏珊娜太太请了几位工人盖房子。刚开始几天，每次她回家时，总是发现院子被弄得乱七八糟的，并且到处都是木屑。由于他们的技术较好，苏珊娜太太不想让他们反感，便想了一个解决的办法。

等工人们离去后，她和孩子把木屑清理干净，堆到院子的角落里。第二天早上，她把工头叫到一旁，对他说："我很满意昨天你们把院子清理得那么干净，没有惹得邻居们说闲话。"从那以后，工人们每天完工之后，都会把木屑堆到院子的角落，领工也会每天检查院子是否清理过。

事实上，很多时候，我们只需要换一种表达方式，就可以让人变得更加积极。与其使用消极的语言去批评和打击他人，还不如采取一些积极的方式，让他人对未来产生信心，如此一来，效果会更好。

诙谐调侃中表达不满

一般说来，对人进行说服、劝导，应当正面说理，严肃认真；但从人的心理角度考虑，那些固执己见的人，往往不容易接受正面的直言劝导。如果同他争辩，反而更易弄得面红耳赤，不欢而散。

海外某公司的待遇很差，职工苦不堪言。公司领导之所以不肯改善职员的待遇，是因为他认为下级职员是庸才，对公司不够忠心，工作不努力，而且多数人是兼职。当有人拿其他同性质的公司作对比时，该领导说，他们公司的职员都是正途出身，不像我的下属是杂牌军。

有一天，该领导的一位高级职员针对公司近来迟到人数逐渐增多这一现象，对领导说："初级职员简直没法到公司办事。"领导问："道理何在？"这位高级职员说："坐人力车吧，觉得车费太贵；坐电车吧，又苦于挤不上去；而且每月所出的电车费，也不胜负担，让他们如何能解决这个问题呢？"高级职员叹了口气，一副毫无办法的样子。

领导接着说："以步当车，一文不费，而且可以借此运动身体，不是好的办法么？"

高级职员摇了摇头："不行，鞋袜走破了，他们买不起新的。我倒有一个办法，希望领导出一个布告，提倡赤足运动，号召大家赤脚走路上班，这个问题不就解决了么？谁让他们命运太坏，生在这个时候？谁让他们不去想发财的门路，却来这里当苦命的职员！他们坐不起电车、人力车，也不能鞋袜整齐地到公司上班，都是活该！"他一面说，一面笑，说得公司领导也不好意思起来，只好同意改善一下部属的待遇。

在这里，该公司高级职员批评领导的方法就是"嬉笑怒骂"。他用责备下属的语气，尽情地表露他们的苦衷，用反面的方式表达正面意思：公司待遇太低。在语气上是嬉笑，实质上是怒骂，是批评。由于比较委婉，不伤领导面子，领导容易听进去，一旦觉悟到自己的过失，就容易接受劝告，改变行为。

移情动人，劝阻他人

劝阻他人时，我们要避免正面的批评，尽量采取暗示的方法。对他人正面的批评，会引发对方强烈的逆反心理，反而对我们不利。如果我们以情感人，让对方知道我们的良苦用心，对方不但能愉快接受，可能还会报以感激。

汉武帝的奶妈在宫中住了几十年，不愿离开皇宫去外面生活。起初汉武帝并没有要撵走她的意思，但随着奶妈年纪增大，变得越来越啰唆、好管闲事。慢慢地汉武帝有些烦她了，打算将她迁出宫。无可奈何之下，奶妈找到了汉武帝身边的红人东方朔帮忙。东方朔想了一下说："当你向皇上辞行的时候，只需要回头看皇上两次，我就有办法了。"

等奶妈离开皇宫时，叩别皇上，热泪盈眶，边走边回头看汉武帝。东方朔乘机大声说道："奶妈你放心走吧，皇上已经用不着你喂奶了，还担心什么呢？"汉武帝看到奶妈恋恋不舍地样子，还有东方朔的语言，如雷轰顶，想起自己是吃她的奶长大的，况且她又没犯什么大错，于是收回成命，继续让奶妈留在宫中。

这个故事中，东朔方看起来是在顺水推舟劝奶妈不要担心皇帝，实则是在批评皇帝忘恩负义，汉武帝之所以能欣然接受，是因为这个批评委婉而含蓄，无损于君王的尊严和体面。

批评时点到为止，不仅可以避免给受批评者造成精神压力，而且能化消极因素为积极因素，起到激励的作用。当然，批评不能千篇一律，要看对象，批评的程度也应视具体情况而定。对那些错误严重、屡教不改的人，则还要运用其他一些强硬的手段和方法。

善用赞美式批评，化解对方心头顽疾

每个人内心都渴求得到他人真诚的赞美，同时也需要善意的批评来完善自我的发展。赞美是发自内心地对自身所支持的事物表示肯定，批评就是要对问题和过失进行指责或批判性的揭露，并督促其改正。赞美是一种鼓励，批评是一种督促，二者缺一不可。

表扬和批评都是激励他人进步的一种方式，表扬直接肯定他人，而批评可以督促他人，其目的都是一样的。若想让对方彻底改正错误，就必须把真诚的赞美与善意的批评巧妙地结合起来。

将批评寓于表扬中

童话大王郑渊洁说：“鼓励可以把白痴变成天才”。若想激励他人，就要以表扬为主。实际上，赞赏式的批评不只是简单的表扬，它会让受批评者感受到对方的认同和信任。

陶行知先生是我国著名的教育家、思想家，据说在他任小学校长时，曾在校园里看到一个男孩用泥块砸班里的另外一个男孩，便上前制止，还命令他放学后去校长室。

放学后，当陶行知回到自己的办公室时，发现下午扔泥块的那个男孩已经在门口等候了。让男孩颇感意外的是，陶行知非但没有批评他，还从口袋里拿出一块糖送给他，说：“这块糖是对于你准时到我办公室的奖励。”那个男孩惊诧地接过糖。

随后，陶行知把那个男孩请进了办公室，又从口袋里拿出一块糖递给他，并说道：“这块糖也是奖励给你的，因为我让你停止再用泥块砸人时，你立马就住手了，这说明你很尊重我，应该奖励。”男孩把眼睛睁得大大的，表情显得更加疑惑。紧接着，陶行知又拿出第三块糖递给他，说：“对于你下午用泥块砸同学的事情，我已经调查过了，原因主要是对方没有遵守游戏规则，还欺负女同学；你用泥块砸他，说明你很正直，有跟坏人做斗争的勇气，所以应该奖励。”

男孩攥着陶校长给的三块糖，眼泪止不住地往下掉，哭着说：“陶校长，我知道错了，我砸的不是坏人，而是自己的同学，您还是惩罚我吧。”

听完男孩的话，陶行知满意地笑了，随手从口袋里又拿出了一块糖，说道："鉴于你能够正确认识到自己的错误，我就再奖励你一块糖。可惜这也是我的最后一块糖了，所以，把它送给你，我们的谈话也该结束了吧！"

陶行知先生的批评方式，不禁让人叹服。批评他人，并不是简单地把错误往那一摆，然后把犯错的人数落一通。这样的批评只能发泄私愤，并不能让犯错的人有任何获益。要想让批评见效，应该设身处地为对方想一想，用事实说话，用道理启发。

巴贝姆族人的惩罚

在古老的非洲南部巴贝姆族，至今仍旧延续着这样一个奇怪的传统，究竟是什么样的传统呢？

部落内若有人犯错，酋长便会召集所有的族人，让犯错的人在村落的中央接受族人的批评以示惩罚。但是他们的惩罚方式并不会到此为止。族人会根据长幼的顺序依次用真诚的语言，陈述这个犯错之人的优点，或者曾为部落做过的善事，并给予其公平的赞美。每个人在发言时，不允许对犯错的人出言不逊，也不能虚构事实。每个人必须尊重犯错的人，而且所说的话必须是自己的观点，不可与他人重复。

当这个赞美式惩罚的仪式完毕后，部落会举行盛大庆典，全族人载歌载舞，庆祝犯错者改过自新、脱胎换骨，开始全新的生活。

案例中所描述的巴贝姆族人的"赞美式"惩罚，这种惩罚并不是以惩罚为切入点，而是以赞扬为先，通过赞扬让对方自省，引导对方走向好的方面。此种批评方式最好的地方就在于，整个惩罚的过程中维护了对方的自尊心，让人产生了如果不改正则愧对他人的感觉。这种批评不在于“人改之”而是“自改之”，这种批评，如春风细雨，彻底化解对方心头的顽疾，由心生出改变的动力。

先肯定对方，让人更能接受

批评之所以被人拒绝，原因大概有两种：第一，批评者不了解当事人的处境和造成错误的原因，使当事人感到委屈；第二，批评者站在权威或高人一等的立场，使当事人感到自尊心受挫而对批评者产生强烈的反感。不管是哪种原因，实际上都是批评者不讲究说话技巧而造成的。批评要让人信服，就要避免用负面、不恰当的言行，以免打击对方的积极性和自信心，而是要让对方觉得你是真心在帮助他。

孙总发现员工老邓最近频频出错，工作效率和业绩每况愈下。于是趁午休办公室里没有人的时候，把老邓叫到了办公室。

孙总对老邓说：“老邓啊，好久没有和你好好聊聊天了，今天中午我正好不困，就占用你一些午休时间，咱俩聊会儿。”老邓笑了笑作为回应。

孙总接着说：“老邓，你是一位业务非常扎实的工程师，来公司这么多年，对公司做出的贡献，是大家有目共睹的。你设计的方案总是能让客户满意，客户也对咱们公司越来越依赖和认可，我代表公司谢谢你！”

说着，孙总停顿了一下，继续说道：“只是最近，我感觉你好像有什么心事，因为我发现你最近完成一个设计图需要花费比之前多两倍的时间，质量有些差强人意。我有些担心，如果你遇到了什么难题，一定要告诉我，我们大家共同来解决。老实说，领导对你现在的这种状况不太满意，因为他们对你有更高的期望。所以，如果你有什么难题无法解决的话，可以说说。”

老邓说："非常感谢公司领导对我的信任，我没有什么难题，只是最近在工作上想有一些突破，所以导致速度变慢了，还好我现在已经摸索出来了。您就放心吧，我一定会努力工作的，不辜负大家的厚望。"

如果孙总没有采取这种说服方式，而是把老邓叫到办公室狠狠地批评一通，会出现什么样的情形？作为上司，这样做是很正常的。但作为下属，听到这样的批评，心里肯定不好受，脾气稍微不好的人，甚至可能根本不做解释，拍拍屁股走人了事。

孙总没有直接批评，而是采用了委婉的说服方法，不仅达到了批评的效果，同时还避免了负面影响，取得了非常好的效果。这种做法很值得我们学习：先肯定对方的成绩和优点，然后再提醒对方要注意的事情，这样的批评会更容易让人接受。

诗人泰戈尔说："不是槌的打击，乃是水的载歌载舞，使鹅卵石臻于完美。"同样，对于犯错误的人，不要在疾风暴雨的"痛斥"中改正自己，而应该在和风细雨的"赞美"中扬起善心。赞美式批评更有利于犯错者自省、自励。用肯定的态度来激发犯错者坦然面对未来的勇气，可以帮助他们顺利走出因错误造成的心理创伤，甩开错误造成的不良心理包袱。

批评他人就事论事，切忌人身攻击

就事论事是指我们本着实事求是的态度只针对事情本身进行分析和梳理，避免评价他人的人格、兴趣与家庭教养，其核心就是基于事实沟通。这样做的好处很明显，既可以让人更加理性、客观地看待问题，又可以避免人与人之间的冲突和矛盾。

每个人都渴望得到他人的信任和理解，因此对外界的评价都很敏感。特别是一些针对自己的负面评价，相信没有几个人愿意听到。相较而言，人们更能接受他人针对某件事情做出的评价。我们要看到事件本身带来的问题，更要关注人们的内心感受。一方面，我们在对别人提意见或建议时，要就事论事；另一方面，别人对我们进行评价时，若不能做到客观和理性，我们要多抱以宽容的态度。

批评下属时要对事不对人

在职场中我们发现，上级批评下级时，有时会因为气愤而骂人，把自己的负面情绪像炸药包一样扔向对方，因为沟通不够顺利，问题往往也没能得到解决。事实上，当我们把批评变成情绪发泄时，就已经远离了解决问题的轨道。关注事情本身，解决关键问题，这才是解决矛盾该有的态度。

销售部赵总监对工作勤勉尽责，对自己的要求也很严苛。最近看到下属王明浩负责的部门的销售业绩不断下滑，终于爆发了。他把王明浩叫到办公室，劈头盖脸地训斥道："你脑子是不是进水了，没见过这么没脑子的销售，客户从你的眼皮底下跑掉了，你居然还坐得住，你还是男人吗？是男人就冲出去，把客户拉回来！"王明浩的脸立马就绿了，憋着一肚子气，一句话也没说，摔门从赵总监的办公室出来了。王明浩走后，赵总监渐渐冷静了下来，觉得自己刚才太冲动了，心里也有些懊悔。但他不知道除了训斥、责骂、发火、施加压力之外，还有什么更好的方法能让下属更加主动和有成效地工作。

上级批评和指责下属的背后是希望和期待。工作的失误是由诸多原因造成的，有时候可能是他本人一时疏忽大意，也有可能是不可抗拒的外力所致。批评他人时，应该只对事不对人，切忌对下属进行人身攻击。赵总监可以对王明浩说"你们部门业绩下滑得太厉害了"，而不能说"没见过这么没脑子的销售"；还可以说"让客户从眼皮子底下溜走这件事太让人生气了"，而不能说"你还是男人吗"。

需要引起注意的是，上级在批评下属时，为了给自己寻找充足的证据，会将其以往工作中出现的失误和错误集中起来一起兴师问罪，这种方式很容易损害下属的自尊，并且严重打击下属的工作积极性。

当然，人难免在情急的时候情绪失控，当我们批评他人之后，特别是发了脾气、宣泄了情绪后心里有些懊悔时，不妨找个机会跟对方道个歉，这样也能缓和矛盾，避免不必要的误会和介怀。

批评既要对人，也要对事

人们习惯性地听到并认为既然是批评，就要对事不对人。不可否认，客观合理的批评就应该对事不对人，但是在针对不同的情况时，批评也要因人而异。

某纺织厂的刘洋和吴宇，在同一个车间工作，刘洋比吴宇早两年进厂。在生产操作过程中，他们都出现了失误，而且所犯错误都差不多。车间主任针对这样的情况，对两个人采取了不同的批评教育方式。因为刘洋是老员工，所以主任就狠狠地批评了他一顿，但对于吴宇的失误，只是指出了他操作不当，还安慰他不要性急。刘洋很不服气，找车间主任理论。主任对他解释说："这样的失误出现在你身上是很不应该的，毕竟你是一个老员工，所以出问题就是态度的问题。另外，你的技术很熟练，应该对自己有更严格的要求。"刘洋听完后不说话了，觉得主任说得有道理，最终接受了批评。

可见，当同样的错误发生在不同人的身上，批评时既要就事论事，也要因人而异，否则很容易产生不良后果。无论从人情世故的角度，还是从解决问题的角度来看，"就事论事"的说话方式实际上都很有参考价值。但是，现在很多人喜欢说："别误会，这是就事论事，对事不对人。"其实这句话会让人感到厌烦。明智的人不会这么说，只有那些自以为是的人才会这样表达。

就事论事的批评原则

批评他人一定要讲究策略，任何因一时冲动而口无遮拦的行为都是愚蠢的。如果我们做不到对他人真诚地赞美，至少也要让对方感受到我们的批评是善意而无害的。针对就事论事的批评，我们应该注意以下几点原则。

第一，批评要有针对性。

针对对方的问题，最好在批评之前进行深入调查，弄清楚问题的症结。别说“你总是将烂摊子丢给我”或者“你从来都不将我的话当回事”等话。应该以此针对一个问题，除非自己非常有把握，否则应避免使用“总是”“每次都”等泛化一般性的言辞。具体说出要批评的人，不要用类似于“天下乌鸦一般黑”，一棒子打翻一船人来批评他人。

第二，批评时只针对具体的事情。

当你从关注事情出发，对方就会得到必要的尊重。首先，向对方阐明你指的是一件事情，而不是针对个人，如果对事情持有不同意见，也不要冲击个人感情。其次，对问题进行具体分析，哪些是主观因素，哪些是客观因素。最后再进行批评，使得对方心服口服。

第三，想说的话要说明白。

不要无凭无据、捕风捉影。抓住对方错误的实质进行有针对性的批评，不要主观臆断。

另外，不痛不痒，表述含糊其辞的批评是不会令人心服口服的。

我们必须承认，人的逆反心理绝不只是存在于青春期和老年期，也不只是存在于女人和孩子的身上，任何年纪的人都会有逆反心理，特别是面对直接的批评时，我们内心的自我保护意识增强，逆反心理就会产生。

它我们无法静下心来，仔细思考自己的错误，反而会去怨怪批评者不够大度和礼貌。这不仅是问题焦点发生转移，对错误的认知转到了对人的情绪上，也使犯错误的人感到放松：他会认为训斥、怨责是为犯错付出的代价，双方恩怨两清。对于这样一种心理特点，想要批评他人的人应该好好思考，从中获得启示，进而不断优化自己的批评策略。

先做自我批评，更能赢得人心

人的内心有时候很脆弱，尤其是自知犯错的时候，往往心里对自己的行为已经感觉很惭愧，时刻都要受到良心的谴责，此时若得不到外界的体谅，反而遭受苛刻的攻击和批评，势必会引起犯错一方强烈的防御和反感，所以批评他人一定要讲究方法，而且态度要诚恳，重要的是一定要让对方感受到我们的善意。

一个人要是做错了事，只有当他主动告诉你时，才会坦白承认错误；如果我们主动指出对方的错误，那么对方多半会找出各种理由进行辩解。有些人会明知故犯，口头教育对他们来说没有任何意义。想让他人避免犯错只有两种方法：一是惩治，让他们不敢犯错；二是感化，让他们从心底里不想犯错。采用惩治的手段尽管见效快，可是用不了多久就会死灰复燃，无法从根本上解决问题。只有用感化的方式让他们真心认识到自己的错误，才能达到一劳永逸的效果。

理解式批评

对于被批评者，尤其是心思比较细腻敏感的人，我们可采用理解式批评，即先承认自己或较为成功的人也犯过类似的错误，被批评者犯这样的错误是正常的；而后指出犯这样错误的危害，进而提出明确的要求。这样，尽管被批评者受到了批评，但会觉得批评者充满了人情味儿，也就容易接受批评，最终以改正作为回馈。

皮埃尔先生十九岁的侄女琳达高中毕业后离开她在加州的家，到纽约做皮埃尔先生的助手。琳达刚去时，因为对商业常识以及生意上的事不了解，犯了很多错误。一次，皮埃尔先生真想狠狠地批评她几句，但转念一想，她还太年轻，阅历尚浅，不应该过于苛求她，便改用一种比较温和的方式对她说："你现在做错事是在所难免的。我在你这个年龄时，做的错事比你还多，但随着年龄的增长，我的才干也在一天天增加，相信你也可以做到，对吗？"

由于皮埃尔对晚辈的理解，避免了和琳达的一场冲突。其实，我们若能在批评他人时，大胆亮出自己的底牌，多一些现身说法，多一些换位理解，遇事冷静一点儿，说话的语气友善一点儿，或许更能赢得对方的尊重，更易唤醒对方改正错误的决心。

自责式批评

对于十分敏感的人际关系，批评可采取不露锋芒法，即先自责，再委婉指出对方的过错。态度要谦卑，谦卑的态度可以使对方的抵触情绪很容易消除，更能有效达到沟通目的。

《后汉书》中记载了一位擅长讲话的媳妇巧妙批评婆婆的故事：丈夫乐羊子外出求学，七年不归，家里日子艰辛，已久未尝过荤腥。乐羊子的母亲犯了馋，见别人家的鸡进到她家院子，就偷偷地宰了来吃。

对婆婆的这种不洁行为，乐羊子妻十分难过，她不但不下筷子同婆婆一起吃这偷来的鸡，而且直掉眼泪。问她为什么？她回答说：

“自伤居贫，使食有它肉。”意思是说，怪我自家穷，没有能把婆婆侍奉好，因而使饭桌上有了别人家里的肉。

在封建社会里，儿媳对婆婆是不能直截了当地批评的，乐羊子妻用了委婉批评的办法诱发婆婆的廉耻之心，结果使婆婆惭愧得无地自容，端着煮好的鸡到失主家认错赔礼。

案例中媳妇和婆婆就属于比较敏感的关系。人际交往中，我们时常会斡旋于下级对上级、晚辈对长辈这样的关系，出于尊重目的，对其批评或者建议的方法不妨婉转一点儿，或欲擒故纵，或迂回包抄，或以退为进，都能取得比较好的沟通效果。

道歉式批评

批评他人时，最担心的就是对方还没等你正式开始就产生了逆反心理。而道歉式批评，可以先用低姿态拉近与对方的心理距离。等到对方认可了你，自然也就更容易接受你的批评了。

郑永刚上大学，因为平时喜欢看书，知识面相对较广，就代表所在的一个社团参加学校组织的一次知识竞赛。意外的是，郑永求胜心切，在笔试时，因作弊被当场发现，并连累社团被点名批评。

后来，社长找到郑永，诚恳地说道：“这件事我也有很大的责任，因为从决定让你参加知识竞赛的那一刻起，我就一直给你灌输要拿第一的思想，肯定也给你带来了不小的思想负担，要不然你也不会选择铤而走险的做法。在这里，我先向你道个歉。但是，这件事终究是我们做错了，所以在面对学校的批评时，咱们一定要摆正心态，以后坚决不在同一个地方摔倒两次。”听完社长的一席话，郑永也很诚恳地向社长保证，类似的错误以后坚决不会再犯。

面对别人的错误，直接批评、处罚，很容易挫伤对方的积极性。

案例中社长站在郑永的立场上为自己对赛前施压予以道歉，相当于在心理和情感上给郑永一个缓冲。道歉式批评可以让对方感觉到，我们从内心深处是对他认可和爱护的，因为这样的批评会得到对方的理解，对方的积极性、自尊心都不会受伤，这样更有利于我们维护人际关系。

遇事先反思自己，再推己及人，其实也可以理解为一种严于律己的思维方式。以同样的错误进行自我批评等于是现身说法。讲的虽然是一样的事，一样的道理，但换一种方式对方听起来不会感到那么刺耳。如果我们能在批评他人之前打消对方的顾虑，委婉地指出对方的错误，让对方内心能够接受和理解这个批评，对方才有可能真正反思和改正自己的错误行为。

温和批评的奥义是绵里藏针

本杰明·富兰克林自传中写道："我立下一条规矩，绝不正面反对别人的意思，也不让自己武断。我甚至不准自己表达文字上或语言上过分肯定的意见。我很快就看见了收获。凡是我参与的谈话，气氛变得融洽多了。尽管我不善于辞令，更谈不上雄辩，遣词用字也很迟钝，有时还会说错话，但一般来说，我的意见还是得到了广泛的支持。"

人际交往中，为了不伤及他人的自尊心，即使我们发现了对方的错误，也不要立刻指出，而应采取温和的方式进行沟通。温和批评的初衷是为了不伤人，但既然叫批评，不论什么方式，里面自然有讽刺的成分。有时候为了达到痛批对方的目的，温和的批评往往同样可以起到痛批对方的效果。

绵里藏针式批评

若按常理，明人不说暗话方为君子所为，但有的时候，过于直白的批评反而容易伤人，从情理角度而言，亦非君子所为。此时，如果站在对方的角度说些双方都可以听懂的暗语，效果或许会更好。

“东北作家群”的著名代表人物萧军在成名前曾得到过鲁迅的帮助，鲁迅去世后，有人在报纸上发文抨击鲁迅，萧军看到后异常气愤，盛怒之下便向对方约架。过后，萧军使向人吹嘘说自己如何如何厉害，怎么样把对方打得屁滚尿流。有一次，他又在和朋友谈论此事，正好聂绀弩从旁边经过。因为事发当天，聂绀弩也在场，所以对当时的情况比较了解，说道：“你们打架那天我也去了，刚开始打得不分伯仲……其实打架这种事我是不赞同的，但从这件事里面能够感受到你对鲁迅先生的敬佩，这一点我很赞赏。我也很佩服鲁迅先生，他就是一名斗士，其语言像匕首一样锋利，一生都在与人斗争，但他从来都是据理力争，让人不得不服。”话刚说完，满脸红晕的萧军就惭愧地低下了头。

聂绀弩表面上是在肯定萧军对鲁迅的感情，实则通过鲁迅“文斗”的行为反衬萧军“武斗”的劣行。他的一番话既让萧军认识到自身的错误，也没有伤害到他的面子。用一方的事迹去映衬另一方的错误，既可以点醒对方，又可以避免尴尬。

以退为进式批评

2012 年，美国总统大选进行第三场辩论，罗姆尼率先向奥巴马发难：“你不停地裁军，结果，我们现在的海军战舰数量比 1917 年以来的任何时候都少，关于这一点，你怎么解释？”奥巴马笑着看了一眼对方，说道："你说的没错，我们部署的战舰确实比那个年代少，其实，我们的战马和刺刀也比那个时候少了很多。我们军队的性质已经发生了改变，这个你知道吗？我们现在有一种东西可以让飞机在上面降落，叫航空母舰；我们也有可以潜到水里的船只，叫核潜艇。"

奥巴马的一番话让罗姆尼顿时语塞，现场的听众也都哈哈大笑起来。他的"刺刀、战马说"成功地讽刺了罗姆尼的时代眼光，同时也让选民们大加赞赏。

罗姆尼指责奥巴马的裁军让海军舰艇数量变得越来越少，但奥巴马没有正面反驳，而是顺着罗姆尼的思路，巧用战马、刺刀的事实，委婉表达了战舰过时的意思。这种批评以退为进，貌似没有火药味，但在反击对方方面可谓威力十足，而自己又不失风度，可谓一举两得。

言他而意在此

有时候，我们可以通过编造的故事、寓言，不点名指责，或者是借助与之相关或有牵连的人或事来表达我们的不满。这种批评方式的关键在于找到可以作为批评对象的替代物。当这个替代物是某个人时，一定要注意用词的恰当性，既要做到对批评者具有敲山震虎之效，又不会损失他人的自尊。

伊凡·克里玛是捷克著名的作家。有一次，八十三岁高龄的他参加当地一个读书活动，其间他的一个崇拜者想请他签名，顺带着恭维说："尊敬的克里玛先生，听完您的朗诵，我感觉您活到九十岁都没问题。"

克里玛听到这样的恭维，先是一愣，紧接着从容地说道："我曾经在一本书上读到过这样一则故事，说的是有一位年过九旬的长者，看起来精神很好，有人走到他跟前恭维地说他可以活到一百岁，他却说，‘我又不吃你家的饭，为什么要限制我的岁数呢？’”听到这里，那位崇拜者恍然大悟，连声道歉说：“对不起，是我说错话了。我恭祝您寿比南山。”听到这句话，克里玛微笑着签了自己的大名。

对于一般的人来说，能活到九十岁已经是很高的岁数了，但对于一个八十多岁且身体硬朗的人来说，一百岁恐怕也不是自己的目标。如果这个时候，还祝愿对方活到九十岁，在听者看来，无异于是一种诅咒。考虑到崇拜者也是一番好心，克里玛就临时讲了一个故事，给对方以暗示。用这种方式表达自己的不满，除了能让对方认识到自己的错误，还会对批评者的胸怀表示感激。

恭维式批评

工作时，难免会接触到不认识的人，此时最困难的就是不了解对方的为人，他的工作态度怎样，这对工作的顺利开展很不利。此时，若能以和缓的语气说出不让对方认为是严厉的指责，就很容易让对方接受。比如可以说：“你的心地太善良了，所以经常吃亏。”虽然意在指正对方不懂沟通的缺点，以致被别人拖累进度，但对方听起来就像是在夸他的优点。也可以这样说：“你做事太过于慎重了。”其实是想劝他别太较真，不可能事事都完美。

这些话即使对那些交情不深的人说，对方也可能会这样想：这个人与我刚认识，但对我的观察真是细致入微。这样自然就拉近了你们的距离，而这也是彼此产生信赖感的第一步。一般人或许经常赞美他，但不过是极尽奉承而已，这里说的虽是指责，但却能乐于让人接受，对增进彼此的关系有莫大的帮助。

许多人习惯于采取直接批评的方法纠正别人的错误。其实，委婉而温和的批评，不仅可以让人真心悔过，还可以避免直接批评带来的负面效果。事实上，在大多数情况下，我们批评、指责别人的目的并不是要让对方难堪，而是希望对方意识到自己的过错，并且加以改正。所以，这个时候，如何让对方愉快地接受比指责本身更加重要。

心中有把尺，批评他人注意分寸

批评他人本身也是一门艺术。有很多人，在批评别人的时候，说了很多话，立足点和出发点本来是不错的，但因为不注意批评的方式，没有拿捏好分寸，往往导致无谓的误解和争端，从而影响了人际关系的良性发展。因此，把握好批评的分寸，不羞辱他人，婉转地表达自己的意思，这样的批评才能收到良好的效果。

与人交往中，批评的话不能随便乱讲。即使对方确实犯下了让人难以原谅的错误，也要注意表达的方式。有些话只能私底下讲，有些话则根本不能说。言辞过激或者方式不当，都容易让对方产生强烈的反感，甚至会为此结下深深的怨恨。

从根本上来说，这是一个表达方式分寸拿捏的问题，如果能够注意表达方式，那么批评不会成为沟通的障碍。若能把握分寸，采取合理的方式进行批评，达到沟通目的不是难事。

尽可能减弱批评的尖锐程度

没有人喜欢被批评，但大多数人能接受建设性的批评。可有些人对任何批评都耿耿于怀，不论在什么时候，即使你对他们的工作给予最轻微的批评，他们都会面露不悦之色，采取自卫的态度。对这样的人要亲切和善，要有策略。首先，表扬他们工作中做得好的部分，然后，建议他们把你不满意的那部分做得更好。

南希对批评十分恐惧，这使她在工作中非常小心。为了避免工作中出现哪怕是最轻微的错误，她都会检查，再检查，并且不厌其烦地复查她所做过的每一件事。这么做可能会大大减少她受批评的机会，但是很浪费时间，以至于整个部门的工作进度都因此受到影响。

更糟的是，无论做什么事，她总是迟迟不能做出决定，并一再强调她需要了解更多的信息，甚至当她获得了她所要的信息后，还是推诿。

如果生活中也有像南希这样的人，我们要使他们相信，以他们出色的专业知识，他们通常可以一次就把工作做好，并不需要反复检查。并指出偶尔出现错误是在所难免的，一旦这些错误被及时发现并予以纠正，并不会影响犯错人的能力。批评要适可而止，不能太露骨，不能使对方感到太刺激，因为对方若感到刺激、过分，往往会产生反感或气愤，这样，批评劝导就会失败。

批评他人拿捏好分寸

跨国公司松下电器的创始人、被称为“经营之神”的松下幸之助除了在企业经营方面有着独到的哲学思想，在用人，甚至骂人方面，也有着过人的智慧。

后滕清一是三洋电机的前副董事长，曾经任职于松下公司。有一天，因为犯了一个错误，后滕清一被叫到松下幸之助的办公室接受训话。松下幸之助刚一说话，就火冒三丈，非常严厉地斥责了他。由于过于激动，松下幸之助甚至拿手上的打孔机去敲打桌子，以致打孔机都被敲歪了。稍微平复了一下心情之后，松下幸之助对后滕清一说：“非常抱歉，刚才是我太生气了，所以把打孔机都敲歪了，你能否帮我把它扳正呢？”

被痛骂一顿地后滕清一原本只想赶快离开董事长的办公室，无奈之下只好接受要求，拿着打孔机在一旁敲敲打打地开始修理，没多久就将它扳直了，心情也随之平复了许多。后滕清一离开办公室后，松下幸之助就悄悄地打通了他家里的电话，对后滕清一的老婆说："今天你丈夫回家后的心情可能不太好，劳烦你多安慰他一下。"

当后滕清一揣着满肚子的委屈回到家中，原本打算告诉老婆想辞职不干了时，没想到松下幸之助却早已交代好安抚措施，让后滕清一佩服不已，并激起了对这位领导更大的忠心。

松下幸之助的聪明之处就在于，他在批评责备下属时，拿捏好了分寸，让下属体会到他爱之深、责之切的心情，进而更心甘情愿地为他效劳。如果非要责骂他人，就一定要替对方保留颜面，并对事不对人，事后也要学会道歉，安抚对方，让其有一种被信任的感觉，只有这样，才能维护良性的互动关系。

讽刺挖苦要不得

在这个世界上没有人愿意被人批评，特别是让最亲近的人批评，那是很伤自尊心的。批评的内容会让人觉得很不舒坦，而那种恨铁不成钢的神态、不客气的语调，更加重了打击的力度，这和外人的含蓄提醒，旁敲侧击的间接批评，其效果是截然不同的。

最善于布道的布道家皮却牧师去世了。临终前的一天，爱保德牧师被邀登坛讲道。他希望尽其所能，使这次讲道有完美的表现，所以他事前写了一篇讲道的演讲稿，准备到时应用。他一再修改、润色，才把那篇稿子完成，然后，读给他太太听。但是这篇讲道的演讲稿并不是很理想，更像是一篇被数据堆砌的论文。

但是爱保德太太并没有直言批评，只是跟丈夫说："亲爱的，如果你把这篇讲道演讲稿拿去发表，的确是一篇极好的文章。"

爱保德太太一面称赞丈夫的杰作，一面又向丈夫暗示，他的这篇演讲稿，并不适合讲道时用。爱保德明白了他妻子的意思，就把他那篇绞尽脑汁所完成的演讲稿撕碎。他什么也没准备，就去讲道了。结果，那次的讲道比以往还要成功。

如果爱保德太太没有足够的修养和见解，一定会对他这样说："爱保德，这篇演讲稿糟透了，如果你这样讲的话，听的人一定会睡觉，它读起来就像百科全书一样；你讲道这么多年，应当很明白。老天爷，你为什么不像平常一样讲话，为什么不自然一些？"爱保德太太当然可以这样对自己的丈夫说，可是，爱保德太太非常清楚这会是什么后果。就是因为爱保德太太分寸拿捏得好，才避免了一场家庭矛盾。

批评宜以理服人，摆事实，讲道理，你一味地挖苦侮蔑，或者以对方的缺陷为笑柄，过分地伤害人的自尊，往往会适得其反，令对方产生抵触心理，他会以其人之道还治其人之身。有经验的沟通者，在批评他人时，会采用各种技巧循循善诱，绝不会用讽刺、挖苦的言辞和粗话侮辱对方人格。

没完没了要不得

在我们的沟通中，往往会发现别人身上的缺点和过错，自己的反思再深刻，也可能不如旁观者看得透彻。所以，当我们发现别人的过失时，应该及时予以指正和批评，这是很有必要的，但批评别人的过失时要适可而止。心理学研究表明，一种纠错如果反复进行，就会失去作用。有的人在批评他人时，总以为自己占了理，批评个没完没了。其实这是错误的批评方法。有经验的人在批评他人时，总是适可而止。批评的话不宜反反复复，一经点明，对方已经听明白并表示考虑或有诚意接受，就不必再说下去了。如果只图自己嘴巴痛快，说个没完，就可能得到相反的效果。

批评的尺度除了在程度上不能太过分之外，还要考虑环境和场合。不注意场合，随意批评他人非但达不到批评的效果，甚至还会让被批评者产生严重的抗拒、逆反心理。

PRECISE EXPRESSION

第四章

建议巧着说，让对方心悦诚服

说服有狭义和广义之分，狭义的说服就是通过语言手段让对方认同我们的建议，广义的说服则是通过综合运用各种手段达到让他人顺从我们意愿的目的。语言是说服的手段之一，但是说服远远不止会说话这么简单。有些说服是不需要语言的，一个眼神或者一个暗示就够了，有些说服要控制语言张力，避免太会说话，因为，真诚的态度反而更具说服力。

说服他人要动之以情，晓之以理

列宁曾说："没有人的情感，就从来没有，也不可能有人对真理的追求，只有被感情支配的人才能使人相信他的情感是真实的，因为人们都具有同样的天然倾向，唯有最真实的生气或忧愁，才能激起人们的愤怒和忧郁。"

有句谚语说："情自肺腑生，方能入肺腑。"这句话是说，说话人的感情一定要受到发自内心的充沛情感的支配，才能产生感染力、影响力和号召力。在说服他人过程中，话语所包含的情，会在传递观点、看法的同时产生语言魅力和感染作用，从而取得圆满的说服效果。

说服他人要动之以情

动之以情是说服别人时极为常用的说服方法。这一方法要求我们在说话时以事比事，将心比心，运用自身或熟人的经验教训，再加上感情色彩浓厚的语言，进行绘声绘色的诉说，这样的说话方式易令人感到亲切可信，引发情感上的共鸣，从而为接受道理扫清障碍，铺平道路。

赛珍珠是美国著名的女性作家，在第二次世界大战期间，她做过一个针对中国人民的广播演讲，这篇演讲深深地打动了每一个中国人的心。她在演讲中这样说道："我今天说话不完全站在一个美国人的地位，因为我也是一个中国人。我一生的大半时间，都是在中国度过的。我生下三个月，就被父母带到中国去了。我开口说话的时候，先说的是中国话。

我小时候跟着父母，并没有住过什么通商大埠。十数年间，我们到的地方是浙江、江苏、江西、湖南、安徽、山东各省的小城市、小村庄，清浦、镇江、丹阳、岳州、蚌埠、徐州、南州……这些地方，是我最熟识的。可是我最爱的，是中国的农田乡村。

后来我长大了，又在南京住了17年。我曾亲眼看见南京在几年之内，由一个古旧的城市变成一个新式的首都。但是无论我住在什么地方，我与中国人相处，都亲如同胞。因为小的时候，我的游伴是中国孩子；成人以后，来往的又是中国的朋友们。现在我虽已人归故国，心中却没有忘掉旧日的朋友。所以今天我要以这两种身份说话。我既在中国长大成人，又在美国住了多年，受了双方的教育，有了双方的经验，我觉得我是属于两个国家的。"

在这篇演讲中，假如赛珍珠站在一个美国公民的立场上，哪怕所讲内容再精彩，恐怕也难以打动中国人的心。毕竟，中国的人民对于大洋彼岸的美国是十分陌生的。但是，赛珍珠在演讲中一再提起中国人所熟悉的城市名字，多次强调对中国的特殊感情，强调和中国人的亲密关系，这样在中国人的眼中，赛珍珠就不再是一个所谓的外国友人，而是变成了一个和自己一起经历风雨的同路人，亲切感也就油然而生了。

说服他人要晓之以理

我们不难发现，在人际交往中，那些明事理、重情义的人，他们在说服他人时，总是能设身处地充分考虑对方的切身利害、实际困难。因为，只有在此基础上进行说服，才称得上是真正的通情达理，也更令人心悦诚服。而如果丝毫不考虑对方的情感和需要，双方交谈起来就没有共同的语言，说服也就无从谈起。

晓之以理，就是讲道理。对于一些简单的事情或小道理，只要结合一两个典型事例，再加上简明、扼要的分析，道理足以讲清楚、讲明白。而复杂的事情、大道理，涉及多方面的因素，触动一点就牵动全局，必须全方位、多层次、多角度地进行一系列的说服工作，从多方面展开心理攻势，并以严密的逻辑推理，如水到渠成地得出结论。

说服他人要施以恩惠

对于那些特别固执的人，理难服他，情难动他，我们可以采用施其以恩惠这一切实有效的一招。当我们让被说服的对象感受到一份来自我们的一份“人情债”以后，对方会被我们的诚意所感动，心甘情愿答应我们的请求。

第二次世界大战时，利维在美国经营一家影片进出口公司。有一次，利维到英国去洽谈生意，伦敦的一家公司邀请他去看该公司正在研制的一种电视试播，也就是今天的闭路电视。利维一下子对这种设备产生了极大的兴趣，于是着手组织班子研究闭路电视。

利维的新产品研制小组有三位主要专家，其中有一位叫弗兰克，他脾气很怪，性情暴躁，动辄和别人争吵，他几乎和研制组的上上下下都吵遍了，连利维也不例外。

有一天，为了一个实验问题，弗兰克同研制组的另一位助手争执不下。他大动肝火，又拍桌子又摔东西，利维过去劝阻也被弗兰克大骂了一顿。正在他们闹得不可开交时，弗兰克的小女儿走进了实验室。小女儿看见她爸爸那副怒发冲冠的样子，吓得哭了起来。

弗兰克见状再也顾不上同别人吵架，赶忙跑过去，赔着笑脸哄逗她。看到这一情景，利维心里猛地一亮，发现弗兰克虽然看谁都不顺眼，但对留在他身边的小女儿却是百依百顺，视为掌上明珠，不难看出这小女儿是他的主要精神寄托。

为了使弗兰克有充实的精神生活，利维立刻在公司附近为他租了一幢非常漂亮的房子，好让他经常和女儿生活在一起。本来利维手头的资金就十分紧张，在这种情况下，还为弗兰克租房，使弗兰克心里很是过意不去。因此，尽管利维再三动员他搬进新居，但他坚持不搬。

最后利维说“你的女儿安妮说你心情不好，容易发脾气，这会伤身的。如果她能住在附近照顾你，你就不会发脾气了。起初，我也拿不定主意，可是安妮最后还说：‘我爸爸多可怜呀，我不能让他再忍受孤独了。”

听完了这番话，弗兰克热泪盈眶，他最终顺从了利维的安排，搬进了新居。利维利用动以亲情的方法终于说服弗兰克搬进了新居，这为他以后更好地与弗兰克合作打下了基础。

在这个案例中，利维针对父母对子女的溺爱心理，发动攻势，从而达到自己的目的。利维为弗兰克租房，虽然破费了不少金钱，可搬家所产生的影响远远不是这点儿金钱所能比拟的。利维在资金状况窘困的时刻，仍然把弗兰克的生活快乐看得比金钱更重要，这让弗兰克感恩戴德，心甘情愿听从利维的安排。

总的来说，说服别人动摇、改变、放弃已见或信服、同意、采纳你的主张，实质上是一场从精神上征服人的心理战，但又不能使对方有丝毫被迫接受的感觉。因此，动之以情，晓之以理，还要衡之以利，才能真正做到通情达理，让对方接受你的说服。

站在对方的立场亮明你的观点

人各有别，不了解对方，就不能站在对方的角度去看问题，误会就是这样产生的。从不同的角度、不同的立场看问题，就会有不同的结论和感受。我们只有学会换位思考，站在他人的角度看问题，将心比心，才能够真正了解他人的所思所想。

在生活中，我们绝不要轻易地将自己的喜好、逻辑强加于他人身上，站在不同的角度看风景，各有各的感受，冷暖自知。能站在他人的角度上看问题，多为他人着想的人，总能赢得人们的喜爱和尊重。

换一个视角看问题

现在的人自我意识都比较强，无论是在工作中还是在生活上，常常把个人的思想和一些具体的看法都摆在第一位，而忽视了朋友、同事或者客户的看法，这种状况容易让自己陷入郁闷的泥潭中，无法自拔。因此，我们一定要学会站在他人的角度上考虑实际中的难题。

有一家电子公司发明了一种永远不会烧断的专利保险丝，定价为两美元，然后聘请广告公司负责促销。那位负责此事的主管很快开始制订计划，他打算利用电视、无线电广播以及报纸的广告，把它推广到全国每一个角落。“好家伙！”他说，“第一年就可以卖出十亿！”有些朋友警告他，保险丝并不是抢手货，无法采取“情感诉求”的方式促销，何况大家买保险丝时都希望买便宜一点儿的。劝告他的人说："何不利用专业性的杂志广告把它卖给有钱人呢？"

可是他不肯听，结果这个广告照原计划进行，然而只维持六个星期便"叫停"了，因为销售情况惨不忍睹。

导致这种结局的原因是，广告主只用他自己那种年薪20万美元的人的眼光来处理保险丝的推广事宜，忽略了年薪四至七万美元的一般大众的看法。如果他从这些人的立场来想，就可以想出向高收入阶层推销的办法，并能省下庞大的广告预算。

站在对方的角度看问题

失败的经历都是很惨痛的，正是由于其惨痛，我们才更明白这个道理：要让别人替你做那些"你要他们为你做"的事情时，必须站在他们的立场，用他们的眼光来看。当你征求别人的意见时，就可以知道"如何影响别人"的奥秘了。

有一次，甲骨文首席执行官拉里·埃里森在报纸上刊登了聘请一位秘书的广告。结果，收到了大约三百封求职信，内容几乎是一样的："我看到周日早报上的广告，我希望应征这个职位，我今年二十几岁……"只有一位女士特别聪明，她并没有谈到她所想争取的，而是只谈这份工作需要什么条件。她的信函是这样的："敬启者：您所刊登的广告可能已引来两三百封回函，而我相信您一定很忙碌，没有时间一一阅读，因此，您只需拨个电话……我很乐意过来帮忙整理信件，以节省您宝贵的时间。我有十五年的秘书经验……"

拉里·埃里森一收到这封信，真是欣喜若狂。他立即打电话请她前来。拉里·埃里森说，像她那样的人，无论在哪儿都是最受欢迎的员工。

当你是一名员工时，应该多考虑老板的难处，给老板多一些同情和理解；当自己成为一名管理者时，则需要多考虑员工的利益，多一些支持和鼓励；有争执时，要体谅别人的难处，多站在他人的立场上思考，才能打开对方的心扉，为达成目标提供有利条件。

己所不欲，勿施于人

“己所不欲，勿施于人”这句话的意思是自己不愿承受的事也不要强加在别人身上。就是要人们从对方的角度去想问题。从这个角度出发，我们就能知道如何说话，如何把握说话的度了。对此，我们需要记住以下几条原则：

1. 凡事多询问对方的意见和想法

询问与倾听，不仅能防止自己为了维护自己的权利而侵犯他人，还能帮助我们鼓励对方说出自己真正的想法，了解他们的愿望与感受。一个懂得沟通艺术的人，都是善于通过倾听来获得好感的人。

2. 说话要有耐心

说话时保持耐心，不仅有助于对方理解你话里的含义，更能让你在说话时理清思绪。其实，我们不难发现，不少人正是因为说话没头绪才让自己陷入糟糕的谈话中的。

3. 本着为对方考虑的本意

一些人在说服他人的时候目的性太明显，这无疑会加重对方的种种疑虑，所以，我们应更多地站在对方的立场上考虑问题，要让对方明白你是在诚心诚意地替他着想。

4. 说话顾及对方的面子

与人相处，需要相互尊重。在说话时要注意顾全他人的面子，照顾对方的感受，用对方式方法，做到将心比心，设身处地，而千万不能只图自己一时的痛快。

世上的事物都是有多面性的，从不同的角度看问题，对处理问题的灵活性和寻找解决问题的办法都有所帮助。在工作和生活中碰到问题时，我们都会有点儿情绪，所以要控制好自己，同时，处理问题时也不必非要直来直去。如果我们凭借自己的观点和思维来解决问题，则容易多走弯路，还无法真正解决问题。凡事只要换位思考，关注对方关心的利益，问题就可迎刃而解。

著名企业家唐骏当年在微软公司上班时，深受上级领导的信任和喜爱。尽管在学历、能力、背景上，比唐骏更有优势的人有很多，但是微软公司的高管们都表示唐骏才是那个更好的执行者，才是那个最值得信赖的人，所以一直都在提携他。

多年以后，唐骏离开微软，他在自传中提到赢得信任的方法，那就是尽量站在领导的立场上来讲话和做事。比如，在工作中，上级领导经常要求职员制订一份详细的工作计划，很多人会在第二天交上这份计划，而唐骏不仅会呈交一份计划书，还会提出各种反对意见和可行性方案。他知道领导一定会从这些方面来考量这些计划书，所以他干脆自己制作了这些可行性方案，巧妙地迎合了领导的想法。

在平时的谈话中，唐骏几乎很少胡乱发言，他总是会事先试探领导的想法和意见，想办法去进行设想："如果是领导，他们会怎么去想，会怎样去解决这些问题。"

正因为他总是站在领导的立场上说话，所以他的发言才能够赢得领导的赞赏。

多年以来，很多人都抨击微软公司内部沟通存在很大问题，管理缺乏人性，管理者有些独裁，根本听不进别人的意见。这些问题在唐骏身上并没有出现过，很显然这是一个沟通方式问题。

"如何更好地说服别人"，几乎成了我们每天都要面对的问题。我们想办法让朋友理解自己，想办法让老板接受我们的建议，想办法让客户相信我们的能力和诚意，这是一个烦琐但是充满挑战性的工作。在沟通过程中，多数人最直接的做法就是竭力展示出能够支撑自身理论的各种依据，其潜台词就是："你必须尊重我的想法"或者"我的想法才是最正确的"。

但实际上，说服别人并不仅仅在于强化自己的观点，对他人造成压迫的声势。妄图用自己掌握的那一套"真理"去压制别人的"真理"，往往不那么现实。尤其是当双方都认为自己才是正确的那一方时，这种毫无意义的争论将会一直持续下去。

有时候，换一个角度，选择站在对方的角度和立场想问题，看看对方的观点和想法是什么，了解对方的动机和理由，并适当顺应对方的想法去做事，反而更容易减少双方的分歧和冲突。无论如何，站在他人的角度来思考，都会让我们处于一个相对安全的位置，通过某种迎合性的行为，赢得对方的尊重和信任。

成功学导师卡耐基由于工作繁忙，准备招聘一个秘书。他在报纸上刊登了招聘信息，短短几天之内，各种求职信像雪花一样飞过来。

在阅读信件时，卡耐基发现了一个现象，几乎所有的信件都在讲同一件事："我很出色，我拥有丰富的工作经验，我能够处理各种各样的问题。"这些内容让他感到厌烦，他只能不断地加快阅读的速度，直到有一封信引起了他的兴趣。信中的内容是这样的：

"尊敬的卡耐基先生，我知道您现在一定很忙，非常需要一个助手来帮您整理信件。我有过几年助理的工作经验，因此非常乐意为您效劳。"

卡耐基当即决定，聘用写下这封信的那个人。

为什么在成千上万个应聘者中，这个人会脱颖而出，赢得卡耐基的信任呢？原因就在于她没有从自己的角度来看待这件事，也没有从自身的能力来谈论工作是否适合自己。其他人渴望获得这份工作的理由是“我有这样的需求和能力”，而这个人的理由却是“老板有这样的需求，而我有能力满足这种需求”，这才是她成功突围的关键。

在很多时候，我们应该勇于表达自己的想法和观点，但这并不意味我们总是需要利用自己的观点来说服别人。一旦双方存在分歧或者冲突，我们必须做出调整，必须尝试站在对方的立场上想一想，不妨听听对方说了些什么，然后表态：“我觉得你的想法很有趣。”即便我们对对方的说辞感到为难，也不要急着去辩驳。“虽然我不大明白，但我会试着从你的角度去想一想的。”这话就说得非常得体。

总而言之，每一个表达者都应该向对方表示这样一种态度：我理解并尊重任何人的想法。在很多时候，设身处地地为他人着想，这是消除隔阂、拉近彼此关系，并且赢得最终认可的一个前提。

用权威效应为说服对方造势

人性中最深层的冲动就是想要证明自己在这个世界的重要性。虽然每个人证明自己重要性的方式是不同的，但无论是用什么样的方式，他们都在证明自己重要性的那一刻得到到了自我满足。在人际交往中，把握了这一点就等于成功了一半。

生活中，人们往往喜欢附和那些比自己更加优秀的人或重要人士。特别是在面对不是非常熟悉或者完全陌生的事物时，由于自己难以判断并得出结论，人们更容易受到那些重要人士言行的影响，这就是心理学上的“权威效应”。

权威效应之所以无处不在是因为一方面人们有追求安全感的心理需求，另一方面人们会认为权威人物的言行举止往往和社会规范相一致，模仿权威人物的言行，会得到社会大众的认可，甚至有可能会获得和权威人士一样的成功。

善于运用权威效应

权威人士的话通常更容易令人信服，毕竟，他们是各行各业的翘楚，他们的话本身就蕴含着强大的力量。合理利用这种力量，你所说的话就会更有分量，更容易令人信服。

通过权威效应，我们在向对方传达这样一个信息：这可是权威人士说的话，是不容置疑的。这样就能给对方一定的心理压力，让对方相信这是正确的，从而使对方信服。其实，人们很早就学会利用“权威效应”来达到说服他人的目的。

麦哲伦因为举世闻名的环球航行而在世界航海史上留下了光辉的篇章，也许你不知道。麦哲伦在说服西班牙国王赞助并支持自己的航海事业时也曾困难重重。在那个年代，很多人打着航海家的幌子到皇室骗取钱财，所以西班牙国王对于所谓的航海家一直持怀疑态度。那么麦哲伦是怎么说服国王的呢？

当时有一位著名的地理学家叫帕雷伊洛，是人们公认的地理学界的权威，麦哲伦找到了他，让他陪自己去说服国王。这位地理学家在见到国王后大讲一通麦哲伦环球航海的必要性与各种好处。因为是权威人士，所以国王非常信任他，于是同意了麦哲伦的航海计划，这才有了麦哲伦环球航海的壮举。

事后人们才发现，这位权威的地理学家并没有那么权威，因为他对世界地理的认识是不全面的，甚至是错的，比如对于经度、纬度的计算就出现了诸多偏差。不过这些都已经无关紧要了，因为在“权威效应”的作用下，麦哲伦已经达到了自己的目的。

为自己树立权威感

人际交往中，我们每个人若希望自己的话、自己的言行有分量，希望能成功说服他人，就要学会以领导者和掌控者的姿态与人交谈，这样，你说的话就更有威信。适时、适当地为自己树立权威感更容易获得他人的支持。

英国前首相撒切尔夫人曾被称为20世纪后期世界上最具魅力的政治人物之一，她有着令人敬佩的人格魅力和为人称道的风范，更有着让人引以为敬的演讲风格。在她上任后，她曾作了这样的演讲：

“我是继伟人之后担任保守党领袖的，这使我觉得自己很渺小。在我之前的领袖，都是赫赫有名的伟人。如我们的领袖温斯顿·丘吉尔把英国的名字推上了自由世界历史的顶峰；安东尼·伊登为我们确立了可以建立起极大财富和民主的目标；哈罗德·麦克米伦使很多凌云壮志变成了每个公民伸手可及的现实；亚历克·道格拉斯·霍姆赢得了我们大家的爱戴和敬佩；爱德华·希思成功地为我们赢得了1970年大选的胜利，并于1973年英明地使我们加入了欧洲经济共同体。”

在这段讲话中，撒切尔夫人列举了现代史上英国历任首相的功绩，以此来表明自己的任重道远和豪情壮志。从这段话中，我们可以看出，一个领导很容易用语言表现出自己应有的气势，而且这种表现在很多时候还是无意的。但要记住，权威感并不是要高高在上、盛气凌人，如果那样的话很容易失去人心。

为对方营造权威感

相对于追随权威，人本质上还是希望自己本身就是权威，所以，有时候我们想要说服他人以达成我们的目的，也可满足对方追求权威感的心理，让对方觉得自己很重要，这样往往会有意想不到的效果。

恩尼斯特·杰安特住在纽约，一次，一群调皮的男孩踢足球，损毁了她精心打理的草坪，她为此非常生气。可是她尝试了对那些调皮的孩子进行斥责、哄骗，但都没有用。于是她试着给那群男孩中最调皮的一个起了一个名号，她“任命”那个男孩做她的“探长”，由他来负责驱逐所有入侵草地的孩子。没想到，这个方法轻易就解决了她的问题。她的“探长”在后院燃起了一堆火，烧红了一块烙铁，他举着烙铁威胁其他的孩子：“别踏进草地，否则就要给你烙上一记。”

从这个案例可以看出，追求权威和荣誉是人的本能，这代表着人对外界的控制权和话语权，即使是个孩子也不例外。如果我们能对人的这一心理善加利用，说服对方一定会事半功倍。

不要被权威效应所蛊惑

在我们试图说服别人的时候，可以适当利用权威；当然也要注意避免盲目相信权威，被权威效应蛊惑。

曾经有一本号称某“神医”所著的书出版上市，获得了空前火爆的销量。这位“神医”在他的著作中大肆宣扬他的养生理念。没多久，这位仅五十岁的“神医”就因脑梗住进了医院，据传他同时还有“三高”症状，而这些，正是他声称可以用家常蔬菜“吃回去”的病症。消息一出，坊间一片热闹，纷纷调侃：“这位先生，现在市场上绿豆很难买吗？”“记者去采访，应顺便送点绿豆、茄子慰问慰问。”

这位先生虽然通过兜售伪健康学说大赚了一笔，但他不是伪健康学说的始作俑者，他只不过是伪健康学家中的“又一个”，只不过比别人更成功一些而已。当然，他被捧得最高，于是摔得也最重。

权威效应有时的确会让人做出错误的判断和选择，类似的经历相信很多人都曾经历过。正因如此，一些人对于权威有一定的提防，要想让权威效应在与人沟通中发挥作用，必须选择那些绝对的权威才行。

投其所好，与对方建立沟通桥梁

一个善于沟通的人应该主动去了解别人喜欢什么，而不是依靠主观意识和经验来进行判断。了解他人的兴趣点，这对于沟通关系的确立和维持沟通关系至关重要。如果我们渴望和别人建立更稳固的关系，渴望获得更多的关注，那就要去弄清楚别人的喜好，将其当成谈资。

投其所好，既是一种说服技巧，又是一种劝导他人的思路。就是说，根据被说服一方的性格特征、兴趣爱好、文化修养、人生经历，选择他爱听、中听、合他胃口的话或事例，并顺着他的感情倾向、审美意识、道德标准、价值取向加以诱导与启发，使之对劝说一方产生“无话不可对君谈”的信任感。

说服前先要打开对方的心门

罗素·威尔康博士是一位非常成功的演说家，他的著名演说《发现自我》前后共发表过六千多次，但是每一次面对不同的听众都能引起他们的强烈共鸣。

罗素·威尔康博士要求演讲必须是有针对性的、是活生生的。所以每当他到一个新的城市为那里的人们演讲时，他都会先去拜访那里的经理、学校校长、牧师等人，然后他会走到各个大街小巷，和不同的人聊天，了解他们感兴趣的话题和他们的一些个人观点。所以，罗素·威尔康博士总能够在演讲中，结合许多当地人经常谈论的东西和他们所熟知的一些事例来丰富自己的演讲内容，也只有这样，当地的人们才会认为这个演讲与他们的生活和工作息息相关，与他们的兴趣相关，并且他们本人也非常乐意参与到演讲的话题中去。

也因为如此，尽管《发现自我》成了最受人们欢迎的演说，但是我们却找不到一本演说的副本。因为，每一次的演讲都是有针对性的，尽管相同的题材罗素·威尔康博士已经讲过六千多场，但同一次演讲不会说两次。

每次演讲要面对不同的听众，他们的知识水平和背景也都各有差异，罗素·威尔康博士的听众之所以每次都能够对他的演讲产生共鸣，是因为罗素·威尔康博士用其独特而有效的方法，找到与听众的共同兴趣。

找到对方感兴趣的事情

说话是一个传递信息的过程。信息不仅需要准确地发送，还要准确地被人接收，这样，说话才能起到真正的效果。但多数时候，我们都处于一种信息持续发送的状态，而很少去关注别人是否已经接收到了我们的信息。

尽管我们拥有沟通的意愿和诚意，但很多时候，我们的话并没有产生那种让别人高兴交流的魔力。对方可能勉强坐在那儿说上两句话，象征性地表示一下礼貌。对方的消极回应并不一定意味着他没有交流的意愿，问题在于我们没有将话题说到对方的心坎上，没有说出一个让对方感兴趣的话题。多数人常常只关注自身的需求、喜好、方式，并觉得对方大概也会喜欢这些东西，却忽略了别人真正的兴趣点。

威廉姆斯曾经应邀去拜访美国商会的一位副会长，他是威廉姆斯所在的公司在中国的重要合伙人。那一天，威廉姆斯和几位企业家一起去拜访这位副会长，参加他的家庭烧烤晚宴，但是彼此之间没有什么话可说。当大家在兴致勃勃地谈论葡萄酒、烧烤文化、商业机遇、股市行情时，副会长却坐在那儿喝咖啡，显得无动于衷。

回去之后，其他企业家都显得有些不满，认为这个副会长过于傲慢，有着典型的美国大兵做派。还有一个企业家抱怨，自己本想和他单独谈一谈，可是还没说上两句话，对方就一直在接电话。很显然，初次拜会并不成功。不过，威廉姆斯还是决定再试一次。经过对这位副会长做的一番调查，威廉姆斯发现了一条重要线索，他曾在哥伦比亚大学修过哲学，而且出过专业的论著。

几天之后，威廉姆斯拿着他写过的哲学书，再次登门拜访。由于事前做足了哲学方面的功课，威廉姆斯一直在称赞他的作品，并且提出了很多深层次的哲学问题。那一天，那位副会长就像完全变了一个人一样，一整个下午与威廉姆斯都相谈甚欢。

面对陌生人时，我们的殷勤之举往往会受到排斥，在这种情况下，我们需要找出对方真正在乎的东西，以便让对方更好地接纳我们的话题。面对自己感兴趣的事情，人们更容易放下戒备心。案例中的威廉姆斯就是走了这条捷径，顺利地投其所好，融洽了和副会长的关系。

投其所好要精心准备，不经意间流露

投其所好并不容易，要投其所好，最关键一点是了解到他人真正的兴趣爱好，并对对方这一爱好做精心的准备。在谈话时，每一个人都应该适当隐藏自己的动机。对于对方感兴趣的话题，一定要自然而然地说出来，以免让对方觉得你只是在谄媚，而非在沟通。此外，在对方感兴趣的话题上，要尽可能说得少一些，以免让人觉得你在争夺话语权或者刻意炫耀。

心理学研究发现：生活的目标就是找到一种尽可能充实的生活方法。但是，由于人们生活在社会中，人与人交往的压力也给自己带来许多不必要的烦恼。每个人都是独立的个体，这使得每个人都用其特定的方式来行动处世，但是，当你说话时，别人对你的话题感兴趣，而且很乐意参与到这个话题中时，就意味着你们接下来的谈话会变得很愉快。

所以，如果我们想维护和谐良性的人际关系，就应该时时提醒自己：多倾听别人的谈话，鼓励对方多谈论他们自己，最重要的就是找到对方最感兴趣的事情，然后和他共同谈论。这种方法会帮助我们成为一个受欢迎的人，同时，也会让我们在人际沟通中少走弯路。

劝谏在巧，出其不意更能捕获人心

在我国唐朝，围棋名手曾创立了经典的“围棋十诀”，其中有一诀是“势孤取和”，意思就是当自己力量不够，无力与对方抗衡时，最好先与对方和解或先顺着对方的意，不要正面与对方起冲突，宁可屈身等待时机。

卡耐基认为，不管是剑拔弩张的对决谈判，还是轻松、惬意的朋友交谈，抑或是口若悬河的演讲，只有恰到好处地掌握语言，才能让一切更加顺利。尤其是在说服他人过程中，因为说服他人时，我们不可避免地会与他人站在相对对立的立场上，所以即使我们再怎么设身处地地为他人着想、极力认可他人，也不能改变我们与他人的对立关系和态度。

正因为如此，说服的过程中总会有很多突发的事情，导致情况瞬息万变。我们唯有学会见机行事，根据实际情况决定自己接下来说些什么或者做出怎样的决定，才能更好地说服他人，从而达到事半功倍的效果。

设置悬念，捕获人心

谈话有时候需要像侦探小说一样，设置各种情节，环环诱导，同时要做好隐藏，引起听者的兴趣。叙说者需要把握好尺度，尽量说出一部分内容，然后为下面要说的话设置悬念。出于对那些隐藏内容的好奇，多数人会迫不及待地想要弄清楚接下来的内容是什么。

2008年，金融危机席卷全球，多数行业受到了冲击，其中房地产公司受到的影响最大。由于大众消费欲望不强烈，大多房子根本卖不出去。很多商家不得不进行降价处理，可是在金融危机期间，降价并不会吸引太多消费者的关注。

这个时候，有个精明的开发商想出了一个巧妙的方法。他在对外界宣传时，放出这样的消息："公司目前形势大好，每天限购7套房子。"

这引起了很多民众的疑惑：限购的行为难道意味着金融危机就快过去了，房子马上要开始大涨价？或者是这家公司的房子质量很不错，很多人都在抢购该公司的房子？在好奇心的驱使下，许多客户前来咨询，房屋的销售量也大有起色。

这个开发商的成功，就在于他巧妙地运用话语技巧抓住了客户的好奇心，使得他们对话语信息进行猜测和解读，最终成功制造了噱头，诱导他们消费。

打破常规，捕获人心

人们在一定的环境中工作和生活久了，就会形成一种固定的思维模式，我们称之为思维定式或惯性思维。人人都有惯性思维，爱用常用的方式思考，善用常用的行为方式处事，久而久之，就养成了根深蒂固的思维定式。我们要想说服他人，有时候有必要打破人们的这种惯性思维，换一种出其不意的方式，可能会有出其不意的效果。

吴炜是一家培训机构的老板，因为屡被竞争对手抢走生源，他要求所有教职员工加强保密工作，还把所有核心工作的所有重要信息都列入保密范围，不让对机构以外的任何人谈及。有些员工感觉老板这样有点小题大做，在配合方面表现得很消极。吴炜便对大家说："我知道有些员工认为我的要求有点过激，其实，我也感觉是。但现在是市场经济时代，竞争的残酷性有时候远远超出我们的预料。万一出现什么闪失，到时候损失的是我们每一个人的利益。你们跟着我干，我就要对你们负责，不能因为机构管理上的漏洞，使本该属于我们的报酬流进别人的钱包。你们对机构负责，机构也要对你们负责，在这一点上，我们的心应该是抱成一团的。"大家明白了吴炜的意思，也都开始支持他的工作。

面对分歧，吴炜如果按照常规做法以强权压制员工，时间久了无异于饮鸩止渴。吴炜作为机构负责人，耐心地把自己位置的所思、所虑坦诚相告，讲道理，说利害，员工自然心服口服，全力配合。

善抓弱点，捕获人心

在《影响人类行为》一书中，哈雷教授说："任何行动都是由基本欲望所产生的，对于想要说服他人的人，最好的建议是无论在商业中、家庭中、学校中、政治中都要先激起对方某种迫切的需要，如果能做到这一点，就可以左右逢源，否则就有可能到处碰壁。”

钢铁大王安德鲁·卡内基小的时候家里非常贫穷，当他参加工作时，他的工资是每小时 2 美分。后来他发迹了，捐给别人的钱多达 3.65 亿美元。在他很穷苦的时候他就明白，影响人的唯一的方法就是满足对方的需要。虽然他只受过 4 年的学校教育，但是他很早就掌握了如何与人交往的技巧。

安德鲁·卡内基曾经做过一件令人深省的事情：他的两个侄子都在耶鲁大学念书，可能是由于学业太忙就疏忽了写家信，完全没有想到家里牵挂他们的母亲。

卡内基听说这件事情以后，就给两个侄子写了一封闲谈的信。在信的末尾，他附上一句，说是给他们每个人寄上 5 美元，可是他并没把钱装进信封。两个侄子很快往家里回信了，他们很感谢叔父的关心，而他们也轻描淡写地提到没有看见钱。

从这个小故事中我们可以发现卡内基与人打交道的智慧所在。正如他自己所说：“如果你希望对方去做一件事情，在开口之前，先问问自己如何使对方渴望做这件事情。”

事实上，在沟通过程中，我们常常过分看重自己要说些什么，而忽略了如何让自己说话的时候更吸引人。我们有很好的观点和见解，可是如果对方根本没有耐心倾听，那么一切就没有任何意义。多数人执着于“我将要如何表达自己的观点”以及“如何去说服别人”。但这一切的前提必须是对方能够平心静气地听你说这些话，必须先对你的话产生兴趣。因此，偶尔反其道而行，使用一些出其不意的谈话技巧可能更能给我们带来意想不到的沟通效果。

妙用暗示，说服对方潜意识

从我们来到这个世界的第一天起，潜意识的力量就已经在控制我们了。心理学家弗洛伊德认为：“人类的自我意识是一种幻觉，我们的每一个行为都是由潜意识过程决定的。自我甚至左右不了自己，只能依赖潜意识活动中微不足道的信息。”

意识可以人为控制和影响，但潜意识却不能。潜意识，就像潜藏在我们心底深处的冰山，在大部分时候难以被我们认识和感知。然而，我们的行为和思想却无时无刻不在受着潜意识的影响。它的能量可能会超越我们的想象。真正对一个人形成恒久改善的，实际上是来自潜意识的改变。

潜意识无处不在

据心理学家统计，一个人在清醒时，平均75分钟就要进入一次催眠状态。你是否在上班的时候总犯困？你是否有时候坐公交车没多久就打瞌睡了？当一个人意识模糊者太专注的时候，就进入了催眠状态。

当一个人进入催眠状态的时候，他的潜意识就打开了。意识与潜意识几乎无法并存，意识越弱的时候，潜意识越强，意识超常的时候，潜意识反而很弱。善于用脑的人，潜意识都会比较弱；潜意识越强的人，第六感也会比较强。心理学家发现，女人的潜意识比男人发达，有着更为强大的直觉。善用潜意识，在任何方面都会为我们提供帮助。

对比暗示激发潜意识

心理学家巴普洛夫认为，暗示是人类最简单、最典型的条件反射。它的玄妙之处就在于当事人并没有意识到，而潜意识却已经接受了某一种观点或假设。所以，在销售、谈判或是辩论的时候，潜意识往往主宰着人思想的核心。潜意识说服常常是从心灵深处导入信息，进入他人相应的频道，产生独特的影响，以得到想要的结果。潜意识说服有一种神秘的无法抗拒的力量，让人跟随他人的引导而思考。

美国有一个小女孩，想买一辆自行车，就利用业余时间去卖饼干，竟然在一年的时间卖出了四万包，打破了公司纪录。专家通过研究发现，小女孩使用了对比原理。她准备了一张价值30块钱的彩票，每次敲开人家门的时候，就告诉对方自己想通过卖彩票赚钱买一辆自行车。人们都觉得彩票太贵，但当小女孩转而推销20美分一包的饼干时，人们都纷纷掏腰包，支持她的梦想。

小女孩就是运用对比原理，一下子卖掉了不少饼干。对比原理最适用于与数字有关的方面，小女孩用30块钱跟20美分做比较，价格即是数字。这样人们很容易就能做出判断。

表情暗示重掌话语权

在日常的工作和生活当中，我们会遇到形形色色的事情。有时我们会遇到一个讲起话来口若悬河、滔滔不绝的人，就算我们不想听了，可对方依然停不下来，但我们却又插不上嘴。这时我们不用出言打断他，可以将关注对方的眼神移开，或者将周围的一些东西故意碰掉，又或者表现出一些极其夸张的表情，那么在对方发现之后，谈话的主动权便会落到你的手中。

王静秋是一家进出口公司的营销主管，最近，她被安排跟一个有合作意向的客户进行洽谈。在去见这位客户之前，公司老总就告诉她这个客户非常难搞定，嘱咐他要将准备工作做足，因此，王静秋做了很充分的准备工作。

但是，事情往往是出人预料的，老总所说的“非常难搞定”，并不是说这个客户的要求有多高，也不是对方的习惯有多么古怪，而是对方是个话痨，完全属于讲起话来就停不下来的那种。

王静秋足足在对方的办公室里听对方讲了将近两个小时，谈话还是没有讲到和生意有联系的内容。这么长的一段时间里，王静秋都是极为被动的一方，一直在听对方讲话，根本插不上嘴，而这个客户一直在讲他的经历，从创业到取得成功，甚至是他走过的地方，见过的任何人和事，都要事无巨细地拿出来讲上一遍。

眼看又一个小时过去了，天色渐晚，王静秋实在按捺不住了，将眼神不着痕迹地从对方的身上转移到了办公桌上放着的一件工艺品上。

“额……那个，我是不是讲的废话太多了？”这位客户终于在又讲了将近有半个小时后，发现坐在他对面的王静秋的注意力已经转到了桌子的工艺品上，一时间有些尴尬。

“不是，我只是觉得您的品位很高，您不仅生意做得好，还会淘弄这样精致的工艺品。我对您真是佩服之至啊。”王静秋见自己终于成功地中止了对方的讲话，于是，不等对方再次开口，便将自己之前准备好的资料递给了对方，并说：“我们公司这次为您推荐的产品，就和您的这件工艺品一样，都属于中国风，古香古色的，相信您一定会喜欢。”

王静秋通过转移视线这种方式不着痕迹地打断了对方的讲话，并且保留了对方的面子，成功地将双方谈话的内容转移到了正题上来。

任何人都希望自己所说的话能引起别人的注意，更希望可以得到别人的认可。只是在我们说话时，一定要注意对方的眼神或动作，当对方眼神不在自己身上时，或者动作有些想让我们停止讲话时，一定要遵从对方的意愿行事，这样才能保证接下来的谈话可以继续下去，从而得到对方的好感，增强成功说服对方的可能性。

英国学者帕墨尔曾经说过："语言是众多暗示联结起来的，听者必须从暗示的词句中勾勒出说话者的真实意图。对方表达出的暗示有的明显，有的隐晦，各不相同。"心理暗示的强大之处就在于能让对方觉得你所说的话是理所当然的，它不仅可以让你的语言听起来更加可信，还能在无形中消除了对方的戒备之心。

当人们意识到对方是在对自己进行说服时，往往会自然而然地产生一种防卫之心，而这种防卫心理会让对方听不进你所说的话。因此，这种时候，说服的关键不在于你的观点有多正确，而是当务之急要消除对方的防备之心，暗示就是一种极其有效的手段。

抓住对方心理弱点巧妙说服

最受欢迎和尊敬的作家之一、《一分钟推销员》的作者斯宾塞·约翰逊说："我卖东西给别人的目的，是帮助人们得到他们想要的那种对自己所买物品的良好感觉。"由此可见，当心被打动时，想法就会改变。

在人类漫长的认知史中，当人类意识到自己的心理活动时，便认识到了人性的弱点。随着现代心理学的发展，人们对于人性的弱点有了更深的认识，我们开始发现这些与生俱来的心理弱点在我们的生活中比比皆是。如果我们意识到了自己的心理弱点，就可以随时提醒自己不要被这些弱点所牵绊；如果我们能发现他人的心理弱点，就可以有目的地引导，这样更有利于我们说服他人。

知己知彼，百战不殆

著名哲学家培根如是说："与人谋事，则须知其习性，以引导之；明其目的，以劝诱之；知其弱点，以威吓之；察其优势，以钳制之。与奸猾之人谋事，唯时刻不忘其所图，方能知其所言；说话宜少，且须出其最不当意之际。于一切艰难的谈判之中，不可存一蹴而就之想，唯利而图之，以待瓜熟蒂落。"说服前只有对自己和对方了解得越具体、越深入，才能准备得越充分越到位，在说服中才能越有力地掌握谈判的主动权，才能更有效地达成说服目标。

众所周知，知己知彼是占得说服先机的不二法门。尤其是在谈判桌上，知己知彼更多带有灵活应变的因素，而在谈判前对于对方根底的探察则可以让自己在谈判中更从容。

中国一家计算机企业曾与美国某公司谈判一项设备购买订单。美商率先报价两百万美元，由于中方已经事先得知，半年前，美商曾以一百〇八万美元将同样设备卖给日本企业。因此，中方坚决不同意美商的报价。美商表示为了促成生意，决定再降十万美元，中方仍然不为所动。美方顿时恼羞成怒，当场表示再降五万美元，如果不能成交就取消这笔订单。中方对于美商的伎俩无动于衷，坚持要求再降。

美方恼怒之下扬长而去，中方的谈判代表则不慌不忙地表示：美商绝对不会真的取消订单，肯定还会回来继续谈判。果然不出中方所料，两天之后，美商代表主动找到中方公司的谈判代表，表示价格还可以商量。就这样，由于中方事先掌握了美商相对真实的销售价格，占据了主动权，最终迫使美商将价格降至合理价位后成交。

一般来说，了解对方谈判人员的身份地位、性格爱好，以及能力权限、谈判经验是知彼的基础。若更进一步挖掘，则可以从第三方探取对方曾经就类似项目的谈判情况、真实需求、心理预期等，这些信息的获取对于谈判方案的准备至关重要。

善用登门槛效应

在现实生活中，可能大家都有过这样一种体会：当我们请求他人帮助时，如果刚开始便提出比较高的要求，极易遭到拒绝；倘若我们先提出比较低的要求，征得他人同意之后再适机增加要求的分量，会更容易达到目标。当一个人先接受了小的要求后，为保持形象的一致，对方可能会继续接受一个更重大、更不合理的要求，这就是心理学上的“登门槛效应”。

心理学家查尔迪尼在 1975 年为慈善机构募捐时，只不过多说了一句“哪怕是一分钱也好”，便多募捐到了一倍的钱物。

查尔迪尼是这样分析的：对人们提出一个非常简单的要求时，人们难以拒绝，要不然就会害怕他人觉得自己不通人情；当人们接受了这个简单的要求之后，你再提出一个比较高的要求，人们一般更易接受。这是因为，只要人们接受了一个微不足道的要求，为避免认知上的不协调或者给别人一种前后不一致的印象，或许就会接受更大的要求。这样的现象，就如同登门槛的时候要一级一级地拾阶而上一样。

登门槛效应在生活中的应用是十分广泛的。不论是人际交往还是日常生活的各个方面，正确而适当地应用登门槛效应，常常会让我们获得意想不到的效果。但是，我们随处可见很多金融机构或者商业活动推广的金卡、银卡、透支消费、积分卡刺激消费者，这些都利用了登门槛效应，先用小恩小惠吸引目标，然后再彻底将目标客户套牢。当然，有时双方也会达成共赢，可是对不知道这个游戏规则的一方来说，未免有些残酷。所以，在生活中，我们也要擦亮眼睛，明确心智，以防陷入登门槛效应的僵局，最终后悔莫及。

重视最后的时刻

心理学研究表明，最后时限往往能给人们的心理带来巨大的压力。许多久经商业谈判的职场人认为有了最后期限，自己的自由度会降低，随着时间的推移，交涉的情势与彼此的期望值都会发生改变，且有必须迅速达成协议的压力。甚至有资深的谈判专家预言，共同的最后期限的存在，彼此在内心都会与自己进行一番较量，会因其迫使他们在意愿范围之外更快让步而损及自己，从而惠及对手。

塞缪近日要代表公司与一家日本的公司洽谈双方的合作事宜。当塞缪从洛杉矶抵达日本的羽田机场时，两名日方公司的代表已经在机场的出口迎接了。两个人接过塞缪的行李，三人坐上已经等候多时的商务车，直奔为塞缪提前预订好的酒店而去。

在车上，其中的一位日本的接待员问道："塞缪先生，不知你预订的是哪一天的班机回去？我们好提前为你准备去机场的车子。"他们如此周到，让塞缪有点感动。于是他当即拿出回程的机票，双手递给日本人。机票上明确写着返程的日期是在两周后。

很显然，塞缪没有意识到在协商谈判之前就将自己的归期透露这一事态的严重性。塞缪在到达日本后的十天时间里，日方公司每天派人带着塞缪游览日本的名胜古迹，晚上被董事们分别邀请到家里去参加家庭酒会。每当酒会结束之后，塞缪提起合同的事，日本方面总是说："塞缪先生，你刚来到日本，应该多出去走走看看，谈判还有的是时间，不急不急。"

塞缪惬意地欣赏着日本的风景，感受着不同于美国的日本的传统文化，心情十分愉快，时间自然过得飞快。在日本游玩的第十二天，日本方面才提及合作的事，但是又在当天下午安排了打高尔夫的活动，交流会刚刚开始大家就急着去高尔夫球场了。离塞缪回程还有两天的时间，双方刚商谈到合同条款细节的部分事宜，为塞缪举办的欢送会开始了。盛情难却，塞缪只好答应明天再议。

最后一天，讨论到重要的问题的时候，接塞缪去机场的车已经在门口等着了，于是大家在车内用几分钟的时间草草完成了合同的签订。毫无疑问，结果肯定是原本准备说服日本方面接受自己要求的塞缪败下阵来，日本方面获得全胜。

在说服过程中，失败的人往往是没有顶住最后时限这个巨大压力的人。一旦顶不住压力，就只能跟着别人的要求走，这也是塞缪与日本人谈判失败的原因。

说服产生于需求，只要人们有彼此合作的需求，说服便会产生。说服他人有时候是一个漫长的过程，它不仅是双方口才的较量，也是双方心理的较量。因此，我们需要在说服他人的过程中利用各种方式，突破对方心理防线，瓦解对方意志，抓住对方的心理，让对方让步，进而与我们的意见和立场达成一致。

PRECISE EXPRESSION

第五章

拒绝委婉说，既不伤己又不伤和气

与人相处，不只是一个人的事情，所以更需要人际间彼此包容、共同合作。要让别人以正确友善的方式来对待我们，首先我们自己要先学会拒绝。拒绝是一种尊重，让别人从内心里尊重我们的选择；拒绝更是一种明智的处世方式，只有这样，我们才不会困于人际关系的烦恼中。可以说，学会拒绝，是我们每个人都该习得的必修课。

善待自己，拒绝他人的不情之请

说“不”固然代表“拒绝”，但也代表一种选择。一个人正是通过不断的选择来界定自我、形成自我的。因此，当一个人拒绝外界强加给他所难以承受的负担时，就等于是对自己的肯定，等于选择了一种与对方截然不同的立身处世的状态。勇敢拒绝并不一定会给我们带来麻烦，反而能替我们减轻压力，更好地赢得生存与发展的机会。

你是讨好型人格吗

少年成名的才女作家蒋方舟在《奇葩大会》上分享关于自己“讨好型人格”的故事，曾在网上一度引起热议。能成为热议的话题很大程度上是因为在日常生活中，很多人被自己的讨好型人格所困扰。

英国《每日邮报》也曾经刊登过一篇露西·泰勒写的关于讨好型人格的文章，文章通过好友的亲身经历来分析这种现象。

露西·泰勒的一个朋友对自己生活中的一切关系都处理得很好，工作、家庭和朋友面面俱到，她还带了两个孩子。她一边要在家照看孩子，收拾家务；一边还要照顾母亲，身兼数职。她的侄女每天要跟她打电话诉苦、抱怨，讲自己的丈夫如何如何对自己不好，自己的孩子如何如何不听话，一说就是数小时。电话那头一会儿哀叹，一会儿怒吼，她就像是一个垃圾桶一样。

泰勒讲述，从表面上来看，这位朋友是大家眼中最善良无私的人。但在私底下，她却向泰勒坦陈，自己早就已经身心俱疲，烦恼透顶。

一位心理学家认为："这类女性具有相当大的数量，她们看起来友善无私的面孔背后其实是痛苦、焦虑、空虚、罪恶感、羞耻感。"泰勒这位朋友的表现，即是如此。实际上，讨好型人格的根源就在于其想取悦所有人的心态。这种心态让人过度的友善，害怕别人的负面评价。在他们看来，拒绝别人是一件伤面子、伤感情的事情。

从心理学角度来说，这种不懂拒绝的"讨好型人格"在于其没有建立起健全的界限意识。这个界限意识不仅是生理或心理上的，也是情绪上的。界限意识模糊的人，常常意识不到别人越界的请求，即使不情愿，也不会拒绝。

实际上，要想获得他人的善待，首先就要向外界明确我们的原则、底线以及为人处世的方式方法，让别人对我们有一个心理预期。因为，决定别人如何对待我们的关键因素恰恰是我们自己。因此，我们要做一个有明晰界限的人，清楚自己的权益和义务，当受到侵犯时，我们就要坚决采取措施保护自己。

劳苦是否一定功高

有的人认为自己付出越多，收获就应该越多。很多人因为这个原因在工作中不辞辛劳，勤勤恳恳地干了一辈子，该自己干的事情从不含糊，不该自己干的事情，即使不情愿，为了表现自己也会勉强承担下来。然而，劳苦就一定功高吗？这些额外的付出真的能换来自己想要得到的回报吗？

某一天清晨，老板朱莉到公司之后，询问正在忙碌工作的海瑟薇今天是否有时间帮她女儿买全套的《哈利波特》。海瑟薇放下自己手上的事情，丝毫没有犹豫就答应了下来。她在网上搜索了几家离公司最近的书店，准备一一去寻找老板所需要的书。

到了第一家店，海瑟薇直接问店主有没有全套《哈利波特》，店主遗憾地说："真不好意思，这套书刚刚卖完，您要是早到几个小时，一定能买到。"海瑟薇无奈地笑了笑，只好转去第二家书店。

第二家书店离公司有一段距离，打出租车也需要半小时，但是海瑟薇没想那么多，她心里想的就是买到老板女儿想要的书。可第二家书店也没有现货了，书店营业员告诉她这套书采购员已经去补货了，但是需要两天才能到货。

海瑟薇很失望，但她还是想碰碰运气，决定去离公司大概有一个区距离的第三家书店看看。而此时，一上午的时间已经悄然过去。等海瑟薇到达书店的时候，这家店主告诉她，这套书只剩一本《哈利波特与死亡圣器》，全套的书还在补货中，不确定什么时候到货，又是白跑一趟。

当海瑟薇两手空空地从书店里出来时，已经是下午，此时去其他的书店已经来不及了，只能急匆匆地赶回公司向老板复命。海瑟薇见到老板后说："老板，我快累死了，实在不好意思，最近的三家书店我都去了，没有您女儿想要的那套书，有两家正在补货，但是最早的两天后才能拿到现货。我只有等两天再去帮您买了。"

看着满头大汗累得不行的海瑟薇，老板一脸凝重，似乎想说什么话，可欲言又止。海瑟薇只好回到工位上收拾东西准备下班。

海瑟薇花费了一天时间去为老板买书，为什么老板的心里还是不痛快呢？其实道理很简单，在工作中，苦劳仅仅只是毫无效率的消耗。海瑟薇这一天虽然忙碌，但是成效为零：首先她耽误了自己的本职工作；其次，老板交代给他的事情，她最终并没有完成；最后，老板或许也会觉得海瑟薇是一个不会安排时间的人，从而质疑她的工作能力。

有时候，面对领导和同事提出的请求或是命令时，我们不妨多多思考，在心里做一个利弊权衡：我有没有多余的时间去做这件事呢？这件事对我的业绩有多大的帮助呢？在此基础上，你再谈及助人为乐。对别人的请求做出及时的反应：应该做的，必须做；不应该去做的，果断拒绝。

克鲁泡特金在《互助论》中说："只有合作意识强的生物群才能长足生存。"在与人际交往中，照顾对方的情绪是维持和谐人际关系的必备素质，热心助人是不容置疑的美好品质，但是我们也绝不能毫无底线地去迁就别人，舍弃原则地满足别人的不情之请。因此，拒绝也是沟通中必不可少的一门课程。掌握沟通中的拒绝技巧，学会适当的拒绝别人，才是既重视他人又重视自己的平等的沟通方式。

保持尊重，拒绝可以不伤人心

不管在任何时候，拒绝别人的要求或否定别人的意见，对人们来说，都是一件难为情的事。一个人提出自己的意见或请求而遭到不讲方式的否定或拒绝时，人的自尊心往往会激起本能的对抗，这种心理反应会极大地阻碍谈判和交流的顺利进行。因此，不管在什么情况下，我们应当尽可能避免这种心理活动的产生。

巧用标签效应拒绝对方

在大部分人的观念中，拒绝就是否定，是一件很伤人的事。这种顽固的思维模式从来没有把事与人分开过，如果有人批评自己的工作，那么就以为此人总和自己过不去；开口求人帮忙而没有得到满意的回应，就认为对方不给自己面子；工作报告被要求返工，就以为上司对自己不满……

正因为常常有这样的想法，所以才不愿拒绝别人，担心自己这样做会伤了别人的心。正是因为我们把拒绝的意义看得太重，所以我们才不愿拒绝别人，如何拒绝别人才能不让对方伤心，成了很多人心头的一个难题。

英国有位首相，叫狄斯雷利。他在上任期间，有位野心勃勃的军官想让他加封自己为男爵。狄斯雷利知道这位军官才能超群，手握重兵，当然要跟他维持友好的关系；可是军官还不具备被封为男爵的条件，自己不能开这个先例。

为此，狄斯雷利很是苦恼：直接回绝的话，军官肯定不会高兴。如果因此引起内部矛盾或其他问题，那真是得不偿失。如果答应了，就有失公平，甚至会得罪更多人。

不过很快，狄斯雷利就想出了解决办法。他命人拿着自己亲笔写的邀请函去军官府拜访，内容是：请军官某日来首相官邸，首相将单独会见你。

军官忍不住想：首相肯定是同意了自己的要求。于是，就高兴地按时赴约。谁知一见面，首相就坦白地对他说："很抱歉，我不能给你男爵的封号，不过我可以给你一件更好的东西。"

接着，狄斯雷利放低声音说："我会告诉所有人，我曾多次请你接受男爵的封号，都被你拒绝了。"军官先是一愣，接着点头答应，满意地离去了。

很快，这个消息就传出去了，众人都称这位军官谦虚无私、淡泊名利，对他的礼遇和尊敬远远超过男爵。也由此，军官成了狄斯雷利最忠实的伙伴和军事后盾。

狄斯雷利的拒绝，不仅保全了自己的威严，也让对方感觉到了尊重，并将其俘获成效忠自己的人。其实，人与人交往的时候，就应该多为他人着想，多给他人留一些余地，少给别人一点儿难堪，这样必定能赢得别人的理解和尊敬。

拒绝前，先肯定对方的付出

有时候我们还会遇到种种请托的事情，如果断然拒绝，即使丝毫没有伤害对方自尊的意思，也会让对方觉得你自视甚高、不近人情。而如果能在拒绝过程中表现出对对方的尊重，就能让对方心悦诚服。

一位老师辛勤工作多年，但是每年的职称评定，他都无缘上榜，今年又到了评定职称的时候，这位老师找到了校长。

“校长，您看这次评职称我有希望吗？”老教师问。

“来，先坐下喝口茶，最近身体怎么样？”校长并没有直面话题，而是转了一个弯。

“身体还算过得去。”

“像您这样的老教师可是我们学校的宝贵财富啊，这里的一大批青年教师都需要向您学习。”

“作为一名老教师，我自然会尽力，为学校培养出更多年轻有为的教师，可不知道我能否……”老教师继续问。

“您的教学经验丰富，教学得法，深受学生们欢迎，所以无论这次是否能评上，我们都需要依靠您这样的老教师，您说呢？”

“是啊。”

“不过这次评审，因为先前留下来的问题较多，所以还会有一些老师不能如愿，但这只是时间问题，相信大家也一定能谅解。不管怎样，我们都会尊重并公正地评价每一位教师的劳动，尤其像您这样辛辛苦苦工作几十年的老教师，我们更不能忽视。”校长诚恳地解释说。老教师听了点了点头，起身告辞了。

面对老教师评定职称的请托，校长先是肯定了老教师为学校做出的贡献，充分表达了对老教师的尊重，然后才委婉说出拒绝对方的缘由，让老教师心悦诚服、无话可说。如果这位校长直接拒绝对方的请求，想必这位老教师心中会有所不平，还可能因为情绪问题而影响教学质量。可见在拒绝他人的时候表现出一定的尊重，也能把事情摆平。

温和拒绝，切勿出言不逊

如果我们想对别人的意见表示不同意，一定要注意把拒绝的态度和对人的态度区分开来，对请求要坚决拒绝，对人则要热情友好。

在沟通过程中，当我们不同意对方的观点时，最好不要直接用“不”这个具有强烈的对抗色彩的字眼，更不能威胁和辱骂对方，应尽量把否定性的陈述以肯定的形式表示出来。尤其是向有权威的人士表示反对或拒绝时更应如此。马基雅维利有这样一句名言：“以我所见，一个老谋深算的人应该对任何人都不说威胁之词或辱骂之言，因为两者都不能削弱敌手的力量。威胁不会使他们更加谨慎，辱骂则会使他们更加恨你，并使他们更加耿耿于怀地设法伤害你。”

总而言之，拒绝是一个情绪强烈的负面词，无论是对上司，还是对朋友使用它时，一定要面带微笑，语气亲切，彬彬有礼，即使是对素不相识的推销人员，也应如此。拒绝的前提是尊重，但不能为了尊重，就失去拒绝的能力。

拒绝他人更要尊重他人

俗话说："人要脸，树要皮。"对于一个人来说，没什么都不能没有尊严。一位名人曾说："我愿为维护我的尊严而放弃我所拥有的一切，包括我的生命。"可见尊严对于一个人来说是多么重要。因此，我们在为人处世的时候要注意照顾别人的感受，特别是在拒绝他人的时候，更要尊重他人。

为什么这么说呢？也许有人认为，对方既然请你帮忙，自然不会太在意面子问题，其实对于求助者来说，放下面子请你帮忙已经是很伤自尊的事情了，如果你不注意自己的言辞，甚至进一步指责对方、挖苦对方，更会伤害他的自尊，小则引起争执，大则失去一个朋友。

刘向家境贫寒，虽然工作了好几年，但是日子过得仍然很拮据，看着周围的朋友日子过得红红火火，不免心生嫉妒。一次，一个朋友突然向他借钱，刘向便趁机挖苦说："向我借钱？我没听错吧？谁不知道在咱们这群朋友中，属您最有钱了，平时花钱如流水，衣服都是穿名牌，一件衣服，动辄上千，吃总吃高档的，自助餐您都不去吃。再说您那房子，装修得都比得上宫殿了。您还能没钱？要我说，瘦死的骆驼比马大，就是您身上的一根汗毛，也比我们的腿粗！"

朋友听他说完，顿时满脸通红，一句话也没说就走了。从此，那个朋友连话也不跟他说，老死不相往来，好好的一段友谊就这样毁了。

当对方向我们求助的时候，必定有不得已的理由，即使对方的困境是他咎由自取，我们也无权指责他，更不能说一些伤害对方自尊的话。

另外，在拒绝别人之前，我们可以先肯定对方的观点，这也是一种尊重他人的方法。比如可以说："这个主意不错，不过现在还不能这么办。""你的提议非常好，不过我们目前还不能采用。""你的产品真的非常不错，不过不适合我。""你是个不错的男人，但是我现在还不想谈恋爱。"

拒绝别人时，要注意表达尊重，如果不注意，很可能会造成极坏的影响。有些人很直率，不懂照顾人的感受。

如果有人请求你的帮助，即便对方的困境纯属咎由自取，你也不要指责他。你可以说自己无能为力，并拒绝他的帮助请求。请求帮助，承认自己是一个弱者，这已经是很伤自尊的事情，如果你还进一步指责对方，则会让对方的脸色更加难看。

一位老师教六年级，这年学校正好需要推荐学生考外语中学，但是每个班推荐的比例只有1/10。听说这个事情，当时就有家长打电话给老师，借口晚上要到老师家里去。

老师无奈地拒绝道："我明白你的意思，现在不是你到我家来一趟就能解决的问题。如果这样可以的话，我情愿去你们家里一趟。"这话把家长说笑了，便不再强求了。

遇到种种请托的事情，如果你直接表示拒绝，可能会让人觉得你清高自诩，不近人情。此时，若能在拒绝中表现出尊重对方的态度，则会好很多。事实上，拒绝的前提就是尊重。

在拒绝之前，我们可以先肯定对方的观点，这是一种表达尊重的好办法。有些领导特别擅长这样的拒绝，他最常用的语句就是："这个提议非常好，但目前我们还不宜采用。""好主意，不过我们恐怕一时还不能实行。"先肯定对方的建议和要求的某些方面有可取之处，这可以避免伤害对方的感情，而用“目前”“一时”等字眼，则表示还未完全拒绝，也能让人有所期待。

没人喜欢直肠子，委婉拒绝更得体

婉拒是一门学问，有些时候，我们本想拒绝对方，心里很不乐意，但却点了头，碍于一时的情面，却给自己留下长久的不快。学会拒绝对我们来说至关重要，它有利于提高我们的工作效率和生活质量。

拒绝不该是一种生硬的表态：“行”或者“不行”，“同意”或者“不同意”。拒绝别人的时候，我们必须顾及对方的感受，以及由拒绝带来的双方关系的变化，不能因为拒绝一件事而失去了一个好朋友，或者就此得罪了一个重要的人。反过来说，尽可能降低对他人的伤害、尽可能淡化立场上的对立，才是最合理的拒绝方式。

没有人喜欢直肠子

喜剧大师卓别林说过这样一句话：“学会拒绝吧，那样你的生活将会好很多。”但是拒绝他人并不是一件容易的事。说得太轻、太模糊，别人可能会错了意；说得太重，又可能会伤害对方的感情。

丹尼是个作家，他曾分享过这样一个故事：我的孩子总是在周末央求我在院子里做一些单调的游戏。每当她提出此类要求时，我总会无奈地给她看我第二天必须上交的稿子。她不能理解为什么我一天到晚都在工作，我不得不当面告诉她：“爸爸正在做事，而这些事情是不允许被打扰的。”或者说：“爸爸要做大人的事，而不是像小孩子一样在地上打滚、玩泥巴。”

当然，我一直没有在意女儿是否真的听进了这番话。直到后来，我才从妻子那儿得知，女儿在那个周末最后一天一直闷闷不乐，一整天都不和别人说话，她甚至在学校布置的日记上写着“令人讨厌的星期天以及星期天的爸爸”。这件事让我感到震惊，同时也让我感到愧疚。

事实上，在与孩子进行沟通时，丹尼完全可以做得更好一些，他可以这么对女儿说：“好的，等你先把那个城堡做好了再说，爸爸需要学习一下。”我们都知道，当孩子真正投入自己的游戏中时，可能会忘了要找一个玩伴。

回想在工作中、生活中的经历，我们可能在不经意间也曾如此残忍地拒绝过其他人，自己却对此全然不知。也许我们是在按照自己的原则行事，遵从内在的声音，但过分地坚持自我，就会在别人眼中造成冷漠残酷的坏人形象。

用自嘲巧妙拒绝

人生在世，不论地位高低、身份贵贱，总会碰到一些求人的事。因此，作为求人的一方难免会遭遇拒绝。当某人向你提出了一个要求或恳请时，你又不好意思明言拒绝他。这种情况下，恰当自嘲，能够缓和气氛，不至于让对方感到过于尴尬而影响你们日后的正常交往。自嘲，即自我嘲弄，表面上是嘲弄自己，但实际上却另有他意。

事例 1：当年，广州的一些进步青年创办了“南中国”文学社，希望鲁迅先生给他们的创刊号撰稿。鲁迅先生并不想写，于是就说：“文章还是你们自己先写好，我以后再写，免得人说鲁迅来到广州就找青年来为自己捧场了。”青年们说：“我们都是穷学生，如果刊物第一期销路不好，就不一定有力量出第二期了。”鲁迅先生风趣而又严肃地说：“要刊物销路好也很容易，你们可以写文章骂我，骂我的刊物也会销路好的。”

事例 2：1934 年，《人世间》杂志开辟了“作家访问记”的专栏，并配合刊出接受采访的作家的肖像。该杂志的编辑写信给鲁迅先生，要求应允前去采访，并以书房为背景拍一张照片，再拍一张鲁迅先生与许广平、周海婴的合照。

鲁迅写了一封十分幽默的信予以拒绝：“作家之名颇美，昔不自重，曾以为不妨滥竽其例。近来悄悄醒悟，已羞言之。头脑里并无思想，寓中亦无书斋，‘夫人及公子’更与文坛无涉，雅命三种，皆不敢承。倘先生他日另作‘伪作家小传’时，当罗列图书，摆起架子，扫地欢迎也。”

鲁迅先生的幽默不是哗众取宠、一笑了之，而是一种从骨髓里溢露出来的世事洞明、人情练达和犀利深刻。他通过恰到好处的自嘲，在拒绝对方请求的同时，让被拒绝者的尴尬变成了笑声，在笑声中展现出了他非凡的智慧和人格魅力。

用冷幽默化解拒绝的尴尬

拒绝是一门学问，也是一门艺术，拒绝得当，才能在不伤人情面的情况下全身而退。要想巧妙地拒绝他人，我们可以学着偷换概念，适当地制造冷幽默。冷幽默充满戏剧张力，就好像是语言中的软刀子，扎人不疼但效果好。

罗西尼是意大利著名的歌剧作曲家，生于 1792 年 2 月 29 日，因为每四年才有一个闰年，所以他过第十八个生日的时候已经七十二岁了。为了庆祝这难得的生日，罗西尼的一些朋友为他凑了两万法郎，并在他生日的前一天告诉他，要为他塑一座雕像。

罗西尼觉得这样是在浪费钱财，于是对朋友们说：“真是浪费，给我这笔钱，我自己站在那里好了。”朋友们听了哈哈大笑，不过也明白了罗西尼的用意。

面对朋友们的好意，罗西尼知道，如果自己正面回绝的话，会伤了朋友们的心，于是他干脆提出了一个不切实际的想法：“给我这笔钱，我自己站在那里好了。”这样不仅含蓄地指出了朋友的做法太奢侈，还让人愉快地接受了他的拒绝。

婉陈事由拒绝他人

在生活中，当我们需要拒绝别人的时候，如果找不到合适的话语，那就为自己找一个客观的理由来委婉说服对方。站在客观的角度，对方一般都会欣然接受，因为客观的事物，我们无法改变，这样表达出来，不会让对方难堪，自己也不会感觉尴尬。

在拒绝他人时，委婉地向对方陈述客观事实，我们的理由要含蓄一点儿，委婉一点儿，既不伤人，又能得到对方的谅解。

传统文化教育我们要做老实人，说老实话。于是人们行事说话以直来直去为美，这也无可厚非。但有些人一下子就走上了极端，干什么事情都不会转弯，一味地直着来，光想着自己要做老实人，根本不想他人的感受，这就已经不是正直了，而是莽撞了。

事实上，即便我们想做直率的人，也不妨委婉地说话，拒绝他人时更是如此。每个人都可以说“不”，但怎样说“不”，却需要费一番思量。如果能够做到不伤害对方，也不使自己为难，这才能算是拒绝的上上策。为此，应该摒弃那种粗鲁的拒绝办法，可采取一些更加委婉的方式。

先认同再拒绝，避免让谈话陷入僵局

生活中，我们会遇到一些请求，有的是无理纠缠，面对这种情况，我们要坚决、直接地拒绝，而有的则是合理请求，如果受到力所不及或其他条件的限制，我们在拒绝前要给对方心理上的安慰，减少对方遭拒的失望感和不愉快。

人际交往中，我们有时会面临这样的窘境：虽然对方提出的要求并不是不合理，但因多方条件的限制无法予以满足。面对这种情况，我们最好避免一开口就直接给出否定的答复，而是要表示理解、同情，然后再据实陈述无法接受的理由，获得对方的理解，令其自动放弃请求。

当我们发起言语攻击，直接反驳对方时，对方自然也会奋起反击，捍卫自己的立场。所以，无论如何，切忌在一开始就直接反驳对方，那样只会导致双方的对抗，正确的做法是先表示同意，然后再想方设法扭转对方的看法。

巧用“是的，但是”拒绝对方

美国的消费者团体为了避免被迫买下不愿意买的东西，发行了《如何与推销员打交道》之类的手册。里面介绍了如何拒绝来访的推销员的各种办法。其中以“是的，但是”方法最为有效，即先肯定对方的说法，然后以“但是”的托词敷衍过去。“是的，但是”是日常谈话中很多人喜欢运用的拒绝方式。

在会议上，项目经理请下属围绕新项目的预案积极发言，一位下属起来详述了自己的提案，项目主管觉得这个提案过于冒险，于是说：“嗯，不错，你这个提案很不错，但是目前我们无法采取实际行动。”

另一位下属谈了下自己的看法，项目经理认为第二位下属的提案过于天马行空，缺乏可操作性，于是说“好，你的想法特别有创意，以后我们可以再进行深入研究。”

这位项目经理在处理他不愿意采纳的下属意见时，就运用了

“是的，但是”这种先肯定对方后拒绝的方式，这样的拒绝既表明了给对方的想法以称赞和认同的态度，又间接表达了“目前不适合”或“需要再研究”加以拒绝，但留下了活话，给对方一种提案还有可能被采纳的希望。

当然，我们也可以将这种“是的，但是”灵活广泛地运用到我们的工作和生活中。假如你在申请一份工作，对方的人力资源主管告诉你：“我感觉你在这个行业经验不是很丰富。”如果你反驳说：“我以前做过比这个更有挑战性的工作。”对方很可能会把你的话理解成“我是对的，你是错的”。这时对方就会被迫地捍卫自己的立场。所以你不妨告诉对方：“我完全理解您的意思。许多人也都是这么说的。但是我一直以来做的工作和现在贵公司空缺职位之间有很多共同之处，这些共同之处可能并不是那么明显，所以我可以向您详细解释一下。”

顺着对方的思路拒绝对方

先认同后拒绝是一种力求避免正面表述，而采用间接拒绝他人的一种方法。先用肯定的口气去赞赏别人的一些想法和要求，然后再来表达我们不得不拒绝的原因，这样我们就不会直接地去伤害对方的感情了。尤其是针对一些脾气暴躁或者生性顽固的人，运用这种先认同再拒绝的方式，能使对方更容易接受，也能为自己留一条退路。

汪洋是一家电梯公司的业务代表。这家电梯公司和一家酒店签有合约，负责维修这家酒店的电梯。酒店经理为了不给旅客带来太多的不便，每次维修的时候，顶多只准许电梯停开两个小时，但是这次电梯修理至少要八个小时。并且在酒店方便停下电梯做维修的时候，汪洋的公司却又不一定能够派出所需要的技工。

汪洋打电话给这家酒店的经理，他不去争辩，只是说："华经理，我知道你们酒店的客人很多，你要尽量减少电梯停开时间。我了解你很重视这一点，我们会尽量配合你的要求。不过，我们检查你们的电梯之后发现，如果我们现在不彻底把电梯修理好，电梯损坏的情形可能会更加严重，到时候停开的时间可能会更长。我知道你不会愿意给客人带来好几天的不方便。"

听了汪洋的话，经理想了会儿，便同意电梯停开八个小时，一次性把电梯修好。因为这样总比停开几天要好。由于汪洋表示谅解这位经理要使客人愉快的愿望，他很容易地拒绝了先前的方案，而没有争议地得以实施自己的新方案。

其实，在与他人谈话中，我们不要急着拒绝而应顺着对方的思路将错就错，直到得出错误的结论，汪洋就是运用这样的策略，让酒店经理主动放弃了自己的坚持。可以说，这种将错就错的否定也是先认同后拒绝的一种表现形式。

无论哪种拒绝方式都需要技巧，运用先肯定后拒绝的方式也要讲究技巧。在实施过程中，一定要态度诚恳，让对方感受到你对他的尊重和理解，与此同时，语气要放松，不要急躁，不然的话，对方会认为你根本没有经过思考就草率地拒绝，这是对他的轻视和伤害，最后也许会因为误会损害双方的和谐关系。除此之外，有些请求合情合理，你更需要慎重考虑，然后再做决定，就算最后实在没有办法，也要给予对方一些安慰，还可以诚恳提供别的建议给对方参考参考，让对方不致太过失望。

说出你的难处，跳出取悦他人的怪圈

我们都是凡人，吃五谷杂粮，有快乐也有痛苦，并非什么事都能扛住，即使能扛住，有时也要表现出扛不住的样子，因为这能够增加我们拒绝他人的砝码。适当地表现自己的脆弱，会让我们的拒绝更真切。

在工作、生活中，当遇到来自同事、上级、朋友、邻居的一些力不能及的请求时，不要立马拒绝，这时候我们可以反客为主，有意识地发一些与自己有关的牢骚，让对方自觉心理得到安慰，因为当对方了解到我们的情况也没有好到哪里去时，也就不会开请托的口了。

该诉苦时要诉苦

虽然社会的主流价值引领我们、教导我们抱怨、牢骚要不得，因为这种行为会传达负面能量，不利于我们的身心健康。不可否认，抱怨、牢骚、诉苦太多，的确会给人们的身心健康带来很多负面的影响。但是，适当地诉苦是必要的，特别是提升自我拒绝能力时，诉苦就是一种不错的方式。

琳达所在办公室的一位同事离职了，本来需要三个人完成的工作就落到了她和另一位同事身上，而那位同事刚休产假回来，家里又有老人生病，琳达不得不多承担一些工作。为了按时完成任务，她经常加班加点。后来她实在扛不住了，就找老板倾诉自己的压力，要求加派人手。

老板听了琳达的诉苦，很惊讶地说："我一直以为你们人手够了呢，你怎么不早说呢？”一个星期之后，新人到位，琳达解脱了。

琳达的事情并非个例。大量事实证明，积极、有目的性的诉苦是非常有效的沟通方式，尤其是在拒绝过程中，往往能够发挥特别的作用。由此看来，诉苦其实是一种能力，一种特别的方法。在诉苦的时候，要做到不夸张，不矫揉造作，通过真实具体的倾诉，达到让人动情的目的。

在日常生活中我们会发现，很多请求帮助的人会通过诉苦的方式博取他人的同情，让人不好拒绝。其实我们也可以反过来用，即拒绝时向对方诉苦，只要我们比他更苦，无形中就已经把他拒之门外了。

诉苦时要克制情绪

需要注意的是，诉苦一定要有耐心。如果没有耐心，怀着强烈的抵触情绪，即使你的理由是真实可信的，也会让人感觉不舒服。

张月明是一家公司的研发部经理，最近公司让他负责一项权责以外的工作，使得他头昏脑涨。由于是第一次接触这样的工作，所以不明白的地方有很多，这样一来，就导致本职工作进度十分缓慢。偏偏这个时候，上级又委派他去外地观摩一个产品发布会。

张月明心里本来已经够烦躁了，这下更激发了他的抵触情绪，于是他不自觉地用比较强烈的口吻拒绝说：“不行，不行，您找别人吧！这么多理不清的事情，让我焦头烂额，现在根本就没时间参加什么产品发布会”听到下属这样跟自己说话，上司的脸色直接由晴转阴，说道：“好吧，那以后就不麻烦你了。”

张月明已经被诸多杂乱的事情影响了自己的情绪，让他失去了对情绪的把控，所以激怒了上级。当别人向我们求助或要求我们去做某件事时，即使我们真的无能为力，也要按捺住自己的情绪，然后再委婉地拒绝对方。

当然，无论我们怎样诉苦，都无法改变它的负面效应，所以在诉苦时一定要明确自己的目的。诉苦也好，抱怨也罢，都不是目的，只是手段和技巧。记住，我们诉苦的目的是拒绝，切不可为了诉苦而诉苦。

摆脱“超人”的窘境

你有没有遇到过这种情况：当朋友将一件事情做得不尽如人意时，他总会把你当“超人”搬出来。在他眼里，你有着钢筋铁骨般的身体和意志，任何难题在你面前都不堪一击。可对于你来说，那些事情你也是硬着头皮才解决的。要想摆脱“超人”的窘境，你就要想方设法跳出这个无限循环的怪圈。

彭硕和嘉伟是大学同学，大学期间就是非常要好的哥们儿。毕业工作后，由于两个人的公司离得很近，再加上两人都是单身，于是两人在公司附近合租一套两居室的房子。

彭硕天性开朗，喜欢交朋友，所以经常带同学或同事来家里聚会，经常把屋子折腾得乱七八糟，最后还得嘉伟收拾，为此，嘉伟头疼不已；彭硕做事总是三分钟热情，心血来潮时，说要养宠物，隔天真的买了一只狗，等热情退下去后，小狗的起居饮食又落到了嘉伟的身上。

没多久，彭硕交了个女朋友，两人出双入对，完全忽略了嘉伟的感受。他女友一来，做饭、打扫、收拾碗筷就成了嘉伟的常事。某次，彭硕的女友来这过夜，嘉伟不想当电灯泡，就去找同事借宿了一宿。

第二天早上回到家时，嘉伟看到客厅里面已经被彭硕和女朋友搞得一片狼藉。嘉伟终于忍不住向彭硕发火了：“你能不能注意保持一下室内卫生啊，彭硕！”

彭硕漫不经心地回答说：“我不打扫，不是还有你吗，回头哥们儿请你吃饭。”嘉伟遏制自己的暴怒，摔门回到自己房间。没过几天，彭硕喝了点儿酒，开着嘉伟新买的二手车兜风，结果不小心撞到了人。借着酒劲儿，彭硕竟然选择了逃逸。直到两天后，警察找上门来，嘉伟才知道发生了什么事情。当他气急败坏地找到彭硕时，彭硕却说：“你就先替我顶一下，大不了就是罚一点钱，没有什么大不了的。我现在忙，脱不开身。”

这一次，嘉伟怒火中烧，他对彭硕说：“我只是你的朋友，并不是你用来处理麻烦事的工具。如果你不去自首的话，我只能亲自去检举你。”嘉伟说完后就转身离去了，只剩下一脸惊愕的彭硕。

嘉伟和彭硕是多年的好哥们儿，理应是互相照顾的，但彭硕却把嘉伟的付出当作是理所当然。要知道，再好的感情也需要维修，再亲密的关系也要为彼此留一些各自独立的空间。没有人是“超人”，同时我们也应该拒绝把自己变成“超人”。不过分依赖他人，也不过分包容他人的过错。只有拥有一份良好的心态，我们才能直面自己的脆弱，才能够真正地做自己。

用引导式循序渐进拒绝对方

谈判专家将沟通的方式归纳为两种形态：引导式沟通和逼迫式沟通。所谓引导式沟通，是以从对方身上引导出事情的经过为目的，而逼迫式沟通，则是以将我方的心意或感情硬推给对方为目的。在拒绝的过程中，这两种方法都可以使用，不过如果我们想让对方主动放弃他的要求，并消除拒绝的尴尬，那么最好采取引导式沟通的方式。

有的人认为，引导式沟通的方式过于婉转，可能会使拒绝的意图不太明确，导致拒绝的效果不好。其实不然。引导式的沟通完全可以直接用于拒绝，表达极为明确的拒绝意图。当我们迫于无奈，不得不拒绝他人时，可以利用引导式的沟通技巧，循序渐进地拒绝。

用引导式拒绝对方

一位大学教授认为，在指点学生论文写作的过程中，一定要注意引导式的交流，特别是学生论文不过关时，如果只用简单一句“不行”将学生打发回去，只会让学生越发疏远导师，随后论文指导工作做起来也会更加困难。最终学生的论文得不到合格的分数，双方都会觉得尴尬。

教授曾经指导一名学生，该学生论文写得很差劲。教授没有直截了当地说“不行”，而是跟学生聊起了天，期间，他问学生：“你平时没课的时候都喜欢做什么？有没有什么事情是你特别感兴趣的？”学生回答：“我很喜欢狗，不过住校也没办法养狗，我经常利用休息时间去逛宠物市场。”凑巧的是，教授也很喜欢狗，于是他们花了大约半个小时的时间聊与狗有关的事情。交谈进入非常轻松愉快的阶段，学生开始说自己在论文写作中遇到的各种问题，教授一一作答，并指出论文中哪些地方需要注意，哪些地方的错误一定要做出修改。这次交流效果出奇的好，后来那名学生出色地完成了论文。

教授认为，引导式沟通非常重要，特别是在说“不”的时候。为此，他特别提到：“有学生的论文写了好几遍，都被老师打回去，并不是学生的能力不行，主要的问题还在于双方的心意无法充分沟通，所以导致很多时候学生不能写出让老师满意的论文。其实论文写作，需要学生与老师做好沟通和交流。如果双方沟通没有问题，毕业论文的写作往往会很顺利；相反，如果双方沟通不好，指导起来就会相当费神。”

这个例子告诉我们，即便要表达拒绝的意思，也不能表现得太生硬，而应该充分考虑到沟通的有效性。这种有效性不只是明确表达意思，还包括消除尴尬和难堪，化解不满和消极情绪等。如果我们在拒绝别人的时候，采取引导式沟通的方式，一方面可以表达拒绝的意思，另一方面还可以避免破坏双方的情谊，保持彼此之间的融洽关系。

让对方得知你已尽力

通常情况下，人们对自己提出的要求总是念念不忘，非常渴望知道自己所要求的事情如何被处理。如果长时间得不到他人的回应，就会认为受到了他人的慢待，从而对对方心生反感和不信任，甚至滋生仇恨心理。相反，即使对方不能满足自己的要求，只要对方能做出关怀的样子，不仅不容易心生抱怨，甚至还会对请求人心存感激，主动撤回让其为难的要求。

在日本历史上，身为摄政大臣的丰臣秀吉，权势达到了前所未有的高度。有一年，丰臣秀吉提出要亲自去采松蘑。家臣听后，甚是为难，因为时令已过，松蘑早就采光了。怎么办呢？家臣们终于想出了一条妙计。头一天晚上，他们便在一片地里到处插上松蘑。第二天，秀吉来到这里，面对着满地的松蘑，赞叹不已。此时，有个家臣悄悄对秀吉说：“殿下，这松蘑是昨天夜里才插上的……”周围的家臣们顿时吓得面色苍白。

然而，秀吉听后却微笑着说：“我是农民出身，松蘑长得什么样当然比你们更清楚。可这毕竟是出自大家的一片苦心。对大家为满足我突然提出的愿望而表示的心意，我怎能加以责怪呢。相反，我倒应该认为这是一件值得高兴的事啊。为了表示我的谢意，这松蘑大家就分去品尝吧！”

丰臣秀吉的家臣，聪明就聪明在让丰臣秀吉自己放弃了他的不可能的请求，但同时又让他知道了家臣们的良苦用心他。因此，他不但放弃了采集松蘑的要求，而且还对家臣表示谢意，让大家分尝松蘑。应该说，这种拒绝的方式是十分可取的。

在现实生活中，当他人向我们提出的要求我们无法满足时，设法让对方产生一种你已经“尽力而为”的错觉，能有效让对方打退堂鼓，自动放弃其先前的要求。

列举事例提出反对意见

还有一种循序渐进的拒绝方式，就是摆事实。用铁的事实来驳斥错误观点是最有力度的，也是用得最多的一种反驳方法。列举与对方观点相反的典型事例，就可以证明其谬误。这种方法甚至能让我们不用拒绝对方，而让对方自动放弃。

在德国某电子公司的一次会议上，公司经理拿出一个他设计的商标征求大家意见。经理说：“这个商标的主题是旭日。这个旭日很像日本的国旗，日本人民见了一定乐于购买我们的产品。”

广告部总监极力恭维经理的构思，但年轻的市场部总监却温文尔雅地说：“我不太赞同这个商标设计。”经理听了感到很吃惊，全会议室的人都瞪大眼睛盯着他。

市场部总监没有同经理争论那个带红圈圈的设计是否雅观，而是说：“我恐怕它太像了。”

经理感到纳闷，脸上却带着笑说：“你的话叫我难以理解，解释来听听。”

“这个设计与日本国旗很相似，日本人喜欢，然而，我们另一个重要市场——中国，也会想到这是日本国旗，我们知道，这一设计是不会引起他们的好感的，还可能会影响我们的产品打入中国市场。显然，这与本公司要扩展对华贸易的计划相抵触。”经理微笑地点点头。

这个事例中的销售总监用彬彬有礼的态度抚平了经理的不悦，使其不失体面。然后用摆明事实委婉地表达了一个信息：不赞成这么做，并指出反对经理意见的充分理由，如此一来，经理不仅没有感到下不了台，听后还心悦诚服，并对销售总监赞赏有加。

所以，在拒绝他人时，我们可以先把事实列举出来，然后采用引导式的否定法。这样不说一句“不”，却能达到“不”的效果。

总之，在现实生活中，面对他人无理的要求或者我们不想接受的负担时，我们也可以用自己的耐心，循序渐进地让对方接受我们不能满足对方要求这一事实。

巧下逐客令，拒绝不等于伤害

有些人在人际交往中信奉“拒绝即伤害”这样一个观点，他们认为拒绝了他人会伤害到对方，或者会让自己的人际关系恶化。很明显，这种观点是一种典型的固化思维。乐于助人确实可以培养良好的人际关系，但助人是有限度的，若不顾自身局限性强迫自己对他人有求必应，只会让自己疲惫不堪。

日常生活中，很多人不知如何恰如其分地与他人相处，深受人际交往的困扰。他们宁可自己遭罪、吃亏，也不会拒绝别人的无理要求，尽一切可能去满足他人的各种请托。有些人对一些莫名其妙的突然造访、无休止的闲聊不胜其烦，却用自己的痛苦来填补他人的空虚。收获的往往只是别人变本加厉地提出更多无理要求，让自己身心备受煎熬。

与其深受困扰，不如直言相告

人是群居动物，需要同至亲好友维系情感，与工作伙伴协力合作来体现自己的社会价值；人是向往自由的个体，需要在生活、工作交际之余，摘掉自己合群的面具，在与自己独处的时间里消化戾气、养精蓄锐。

但是，在现实生活中，我们常常会碰到这样的情况：结束了一天紧张的工作，回家舒服地躺在沙发上，正犹豫是追剧还是听音乐看会儿书时，一阵敲门声打破了这份清净，我们知道闲适的晚间独处时光要泡汤了。

郎世荣是钟文中学时代的好朋友，两个人交往有十多年了，关系一直都非常好。郎世荣没上过大学，可是他人很能干，自己开了一家食品加工厂。钟文在大学时候经常受他的接济，所以，钟文心里一直把他当成恩人来看待。

钟文年底的时候有一个难得的晋升机会，只要能通过英语考试，他就能升任部门经理，还能被委派出国学习两年。这段时间刚完成了一个新的项目，上司让钟文先把手头的工作放一放，安心备考英语。钟文花钱在培训学校报了个班，打算利用周末的时间好好学习，争取能抓住这个机会。

这天晚上，钟文正在上课，口袋里的手机突然响了起来。钟文小声地接起来，是郎世荣打来的。郎世荣说他在酒吧，有些醉了，和妻子吵架了，不想回家，让钟文去接他，想去钟文那儿住两天。挂了电话，钟文只好抱歉地向老师请了假，直奔酒吧。

郎世荣在钟文这一住就住了半个多月，也不提回家的事。钟文每天下班回家，郎世荣都会拉着他絮絮叨叨地说自己的婚姻，说自己创业的艰辛，说自己的抱负。以前钟文很爱听他讲这些，每次与他交谈都能悟出很多道理。可是眼下，钟文有更重要的事情要做，时间对自己来说很宝贵，他觉得自己非常需要安静的环境来认真学习。

郎世荣喜欢看球赛，每次在客厅看电视时，都会把声音开得很大。每到这时候，钟文就很想上前劝他先回家去。可是一想到十多年的交情，想到郎世荣曾经对自己的帮助，钟文又开不了口了。无奈之下，钟文只好告诉郎世荣，最近公司接了个项目，自己是负责人，有些忙，每天都要加班。结果，钟文只能每晚一个人在办公室里备考。

每个人都会有想要一个人待着的时候，都需要拥有自己的私人空间，都有不想被他人打扰的时候。假如有人突然造访，而这人碰巧是我们的好朋友，甚至是患难之交，就像案例中郎世荣和钟文这样的情况，我们通常想下逐客令，却又害怕伤了彼此之间的感情。这时与其受其困扰，不如直言相告，只要言辞温和、真切，相信一定可以得到对方的理解。

以问代答表明立场

鲁迅先生曾说："时间就是生命。无端空耗别人的时间，其实无异于谋财害命。"而我们身边总有一些话痨在无端地浪费着我们的时间和生命。有一些人往往闲得无聊，以打探别人的事为乐趣，甚至在遭到回绝后仍追问不放。

王鹏曾与某校一位梅老师谈恋爱，后来不知什么原因两人分手了。分手后，王鹏不停打扰梅老师的同事凌老师，向凌老师多次打听梅老师的情况，连梅老师的男朋友的情况、家庭、单位都事无巨细地追问，问得凌老师烦透了。一次，王鹏又来打听梅老师的近况，凌老师实在忍无可忍，反问道："你关心这个干什么？你和梅老师不是已经没有关系了吗？"接着，凌老师又问："你有没有女朋友？"在他回答还没有后，凌老师劝道："我看你还是多关心一下自己的事，别人男朋友的事少去管，你说对不对？"几句话，说得王鹏感到有点羞愧，几分钟后他只好没趣地离去。

这里，我们虽然不能断定王鹏是否存在不良动机，但他不厌其烦地跟凌老师打听梅老师的近况，给凌老师带来了很大的困扰这是肯定的。因此，凌老师所采取的策略无疑是正确的。对于这种浪费别人时间而不自知的人，以问代答的方式是最合适的，因为他得不到答案就不会再来自讨没趣了。

给对方找点事做吧

对于闲谈者来说，他们之所以喜欢闲聊，很大程度上是因为他们无事可做，如果我们为他们找一些事做，利用这些事困住他们，就能从根本上解决他人不时上门滋扰的问题。

林森的邻居李伯伯今年快六十岁了，从单位退休后整天没事可做，总喜欢和林森聊天，每天都要来找他下两盘棋，否则夜里都睡不好觉。老人家很敏感，只要林森稍微表现出一点儿的不耐烦，他就会很伤心。林森只好顺着他，可是这么下去也不是办法。有一天，林森上网的时候，看见市里近期要举办一个书法大赛，于是计上心来。

这天，李伯伯上门来和林森下棋，林森便趁机跟他说了这件事。"李伯伯，您写得一手好字，这么多年的功底，不去参加大赛太可惜啦！"林森恭维道。李伯伯大笑着说："还真不是吹的，我可是练了几十年啦！不过，好久没静下心来好好写啦，人老了就不中用啦！"林森一看有戏，便继续说道："没事，这离比赛还有一个多月呢！您好好练练，肯定没问题！"李伯伯一听也来了兴致，于是在林森的帮助下报了名。从此以后，李伯伯每天都会在家里练字，来找林森的时间显著少了。再后来，李伯伯在比赛中拿到了第二名，认识了很多朋友，还组建了一个老年人的书法俱乐部。这么一来，李伯伯每天都有干不完的事，林森再也不必担心被打扰了。

其实，面对别人的无理要求，要大胆而又巧妙地拒绝，一旦决定拒绝对方，就不要举棋不定。需要注意的是，拒绝别人的时候也不能让对方太过难堪和尴尬，毕竟拒绝不是目的，而是一种手段。

适时岔开话题，拒绝他人不再被动

在人际交往过程中，总会在一些事情上产生分歧，或遇到一些令人尴尬的问话，比如涉及国家、组织的秘密，涉及个人收入、个人生活、人际关系等问题。在这种情况下，继续谈论有争议的话题，只能将谈话引入僵局，从而引发谈话双方不愉快的情绪。

当面对不便谈及的话题时，谈话双方即使是缄默不语，也不能解除尴尬的局面；如果一方用“无可奉告”来回答，那会略显态度强硬，会给提问者造成心理上的失望与不快。最简单、最直接的办法就是采用故意转移话题的方式，这样能够缓解谈话双方紧张的情绪和针锋相对的氛围。

转移话题，消除尴尬

在说话过程中，当对方有意无意地触到我们心中的隐痛、忌讳或者自己不愿回答的问题时，如果一时没有好办法应答，那么，就干脆使在场者的注意力从自己身上挪开。问话者见我方对其问题不予理睬，在尴尬的同时会很快意识到自己的鲁莽和无礼，从而不再追问。

公司小刘结婚，在公司散发喜糖，大家吃着糖，突然一位男同事笑着对谭离说："喂，什么时候吃你的喜糖啊？"谭离是公司一位尚未谈对象的36岁的大龄女青年，大家都知道，所以平时说话都避而不谈这样的事，男同事的话一问出口，大家都望着谭离。谭离的脸微微一红，旋即一笑跟这位男同事说："孙哥，你今儿穿这件衬衣不错啊，嫂子新给你买的吧。"男同事回答："可不是，斗争了好久才给买的……"同事们也你一言，我一嘴地加入聊天中，尴尬氛围顿时化解了。

在大庭广众之下问大龄女子什么时候结婚的确是一件很不礼貌的事情。谭离碰到这个尖锐的问题时处境非常尴尬，回答不好可能会引起大家的闲话，再说这事也没必要让大家来参与。于是她立刻把话题转移到男同事的衣服上，借以回避对方的无聊问题。男同事不会责怪谭离对自己的答非所问，有可能意识到自己的失礼后会感谢谭离的答非所问。

先发制人，让对方免开尊口

如果提前知道别人要对你说不利的话，或者让你办一些你不想办的事情，那么抢先开口，不给对方说话的机会，或者给对方一个明确的信号，把他想说的话堵在嘴里，也不失为一个高明的办法。

从前有一个县官姓张，他有个儿子很不争气，整天无所事事，还迷上了赌博，但他逢赌必输，又不敢向家里要钱，只好偷偷向乡亲们借钱。每次这位张公子前来借钱，乡亲们都唯恐避之不及，因为他借的钱，从来都是"肉包子打狗——有去无回"，因为是县官的儿子，人们又不好得罪，所以能躲就躲，躲不过只能借给他。

一天，张公子又赌输了，到处借钱，正好碰到了杜员外，杜员外自知事情不妙，心想这张公子肯定又要向他借钱，要是真这样，该怎么办呢？他灵机一动，计上心来。

果然这张公子笑呵呵地走了过来，杜员外也不着急，张公子走近了正要开口说话，刚蹦出一个“我”字，杜员外抢先说：“这不是张公子吗？对了，张公子，我正要去找你呢。”

张公子很好奇，心想杜员外找我干吗：“你……”张公子第二句话还没说出口，就给杜员外一句话堵住了：“这两天可把我急坏了，街东头儿老王家有一批货非常便宜，我想买下来，但是凑了两天也没把钱凑齐，我正想找你借点儿钱呢。”张公子一听，才知道自己是“和尚庙里借梳子——走错门了”，于是赶紧搪塞了几句，去找其他人借钱去了。

故事中的杜员外用抢先开口的方法，巧妙地拒绝了张公子借钱的请求。因此，当你知道别人将有求于你时，你可以抢先开口，这样便能达到拒绝的目的。

截话拒绝，变被动为主动

我们都知道，打断别人说话是一种不礼貌的行为，很容易让人反感。通常情况下，我们最好不要打断别人的讲话。然而在拒绝他人的过程中，可以利用这种方法，因为一个人说话被打断，一定会觉得很扫兴；而不断地被打断，则会让人失去继续谈下去的兴趣。想要表达拒绝，就不妨采取此法。

要注意，截话拒绝，一定要赶在对方还没有说出，或者还没有完整说出某个意思时，即做出抢答。为什么不等对方说清楚，就要抢先回答呢？主要有两个方面的原因。

第一，避免对方说出秘密的事情。如果我们等对方把话全说出来后再拒绝，可能就晚了。因为对方可能会说一些秘密的事情，当我们完整听到对方的话，就不可避免知道了秘密，这样一来，我们就不得不参与进去。

第二，避免听完话时行事被动。当对方把事情都说清楚后，我们再想拒绝，就可能会陷入被动的局面。特别是对方讲一个悲惨的故事，可能会让我们深陷于对方描述的情状中，再也不好意思拒绝对方的请求了。

基于这两种原因，快速截断对方的话，进行抢答，对于拒绝而言，具有十分重要的意义。因此，考虑到对方要问什么，在他的问话未说完时，就迅速按照另外的方向思路作回答，既可以转移其他听众的注意力，又可以使问者领悟，改换话题，免得因说破造成尴尬局面和其他不良后果。

当然，我们要时刻保持真诚和善的态度。人与人交谈，贵在真诚和善，拒绝他人也是如此。切不要表现自以为是、心高气傲和哗众取宠，以免引起他人的极度反感。

拒绝的同时给对方一些弥补

拒绝他人是没有问题的，我们要考虑的是，拒绝之后的事情，特别是对人心的安慰。因为在拒绝面前，每个人都有一颗失落的心，那种被人拒绝后空落落的感觉会使人非常沮丧。如何填补这种失落的空白，避免对方责怨，是我们所需要认真对待的事情。

人际交往中，如果不能满足满足对方所提出的要求，则可以帮助对方做一些力所能及的事情，以作补偿。被人拒绝是挺尴尬的，我们要在拒绝他人之后给对方提供一些可作为补救的策略和办法，对方心理便会得到安慰，原本的不满也会因此缓解。

利用补偿效应拒绝他人

在人的心理机制当中，心理补偿效应的影响十分明显。出于心理补偿的考虑，人们常会有自我吹嘘的行为。当人们在面试或项目谈判时，有时为了降低自身的焦虑，博得对方的认可，往往会夸大自己的能力和身份。保险公司的业务员一开口要么说自己手上有多少大客户，要么说领导如何器重他，这种自我吹嘘其实也是为了弥补落差，在心理上达到理想自我的境界，也是出于凸显自我、获得别人关注的目的。

换句话说，人们为了提高自信或降低自身的焦虑，会经常性地说一些大话。可以这么说，借大话来提高自信、降低恐惧与焦虑，这是常见的行为。了解这一点，就可以试着通过弥补对方的心理空白，来化解拒绝后的尴尬。

有一个时期，市场上钢材特别紧张。有个专门经营成批钢材的公司生意非常兴隆。一天，公司经理的好朋友来找他，说急需一吨钢材，而且希望价格更优惠些，要求比市场上的批发价还低10%。公司经理因为过去的亲密友谊，实在无法毫不留情地加以拒绝，所以就巧妙地用补偿法来对付这位朋友。他对朋友说，本公司经营钢材是以千吨为单位的，无法拆开一吨来给他。不过，总不能让老朋友白跑一趟。所以他提议这位朋友去找一个专门经营小额钢材的公司，这家小公司和他们有业务往来。他可以给这家小公司打招呼，以最优惠的价格卖给这位朋友一吨。所以这位朋友拿着他写的条子，高高兴兴地去找那家小公司，最后以批发价买了一吨钢材。

毫无疑问，这一“最优惠”的含义是模糊语言。因为再优惠，也不会比市场批发价低10%。这位朋友虽然遭到了拒绝，但因为得到了“补偿”，所以双方都很满意。

尽管心理补偿效应被认为是一种有效心理调节的好办法，但它并没有真正地被人们所掌握。虽然人们总是宣称要自己独立思考、独立行动，事实上人们一直都受到潜意识的影响和控制。心理补偿效应实际上就是一种潜意识行为，它经常自行其是，没有多少人会意识到它的存在。一旦遭遇拒绝或失败，这种效应就会清楚地表现出来。

有的人面试失败后说：“那家公司看起来就不怎么样，即使录取我，我也不会去！”有的人未通过精英选拔则称：“从那里培训出来的人将来要担负很重的责任，工作压力又大，没什么意思。”有些人没能被最心仪的大企业相中而只能进入一家不起眼儿的企业工作，他们就谎称：“在这家企业里工作，自己很被看重，而且还有很多先前心仪的大企业里所没有的好机会。”

如此种种，其实都是补偿效应心理机制在作祟。与其让对方因心理补偿需求而对我们心生怨恨，不如我们在拒绝之后，主动去补偿对方，以化解双方之间的尴尬。

拒绝后为对方指条明路

在职场上，到底什么是不合理的要求，定义其实有些模糊而且带有主观认知。一个对我们而言可能不合理的要求，对提出请托的人来说，可能有足够的理由证明其合理性。尽管如此，我们的确有些方法可用来回应对方不合理的要求，或是请对方再慎重考虑他们的要求。

孙笑言是某公司的部门主管，她与公司的另一位部门主管王烨十分要好。有一天，王烨突然过来找孙笑言。

王烨见到孙笑言后悄声说道：“笑言，我们部门现在有个项目要推进，希望能与A公司合作。但我跟他们公司一直没有过密的业务往来，所以想请你帮个忙。”

孙笑言一愣。王烨继续说：“我知道，你和这个公司的公关经理很熟。你帮忙联系一下，我请你们吃个饭。事成之后，我不会亏待你的。”

孙笑言一听，感到很为难，想直接回绝，又怕王烨不高兴。答应吧，她还不想把公事和私交混在一起。于是她对王烨说：“这件事倒不难，不过我多少听说了你们的项目，项目很急吧。我是认识这个公司的公关经理。不过，她这段时间好像在澳洲休年假。我怕等她回来，你们的项目就给耽误了。”

王烨一听就明白了。孙笑言又补了一句，“我听说这家公司的老板人很随和，你不妨直接去找他。”

孙笑言的朋友并没有去休假，她只是不想把自己搅进去。她与王烨不是一个部门的，插手其他部门的事，是职场中的大忌。再说，如果办不成的话，可能影响自己和王烨的友谊。要避免这种情形的发生，还是要运用自己的智慧的，当然拒绝对方后，不要忘了给对方指条明路。

在工作中，假如我们总是担心同事埋怨我们不近人情，怕伤害对方的自尊心或给人带来不必要的不愉快，便轻易答应同事的请托，反而使自己陷于无穷的烦恼和纠缠中不能自拔，这样不只浪费了自己的时间和精力，同时还可能会伤害与同事的感情。

对于同事的请求，我们要学会一些拒绝的技巧。懂得有帮助地拒绝他人，这样可以表现出我们的真心和诚意，如果我们在拒绝后给提出的建议对方能够接受，那么自然是皆大欢喜；如果对方不肯接受，我们无法帮忙也在情理之中，这样拒绝起来就有理有据、顺理成章了。

给对方一个解释，合情合理地拒绝

《孟子·公孙丑上》中有这样一句话：“万乘之国行仁政，民之悦之，犹解倒悬也。故，事半古之人，功必倍之。”这也是成语“事半功倍”的出处。如果把拒绝他人视为我们想要做成的事情，可采用的方式固然很多，但是如果能给出一个合理的拒绝理由更能事半功倍。

人一旦有了勇气，要拒绝他人其实很容易，这个时候拒绝已经不是问题，问题在于如何更好地表达，尽可能让对方认同和接受我们的拒绝。有时候，我们不缺乏拒绝的勇气，只是不懂得如何拒绝，结果拒绝的话一出口，却被对方定义为不仗义，没有人情味，对我们造成很多负面影响。

爱不需要理由，拒绝需要

人们常说爱上一个人不需要理由，但是拒绝一个人却需要合理的解释，因为人们在被拒绝之后，都希望能听到一个合理的解释。特别是对那些因被拒绝而沮丧的人来说，一个合理的理由就像是止痛片一样，能减轻他们内心的伤痛。所以在拒绝他人的时候，给出对方一个合理的理由是非常必要的。

1986年，哈佛大学要举行建校350周年庆典活动，邀请当时的总统里根光临，里根借机向哈佛提出授予他名誉博士学位的要求。然而，哈佛大学拒绝了这位总统的请求，理由是总统固然应该尊重，但是他并没有进行过学术研究，不能授予他名誉博士学位之衔。

即使是总统，提出的要求不合理也会遭到拒绝，可见即便是再难拒绝的人、再难拒绝的事，一旦有了合理的解释，拒绝也会变得水到渠成。

“我这都是为了你好”

每个人的头脑中都有了这样的烙印：不管怎样，父母都是为我们好，而对于为我们好的人，一定要认真对待，诚恳地接受，是不能任性拒绝的。同时，我们也逐渐学会了使用这个理由，以便更好地让他人接受我们的要求。

尤其是在我们想要将某些想法强加于人时，这个理由就会出现得特别频繁。因为我们明白，要让一个人接受某个观点，最好的理由莫过于让他明白，这个观点是对他有莫大好处的。让人接受要求时，用“我是为你好”这个理由，已经成为人们常见的办法。然而许多人不知道的是，其实这个理由也可以用于拒绝。

丫丫四岁了，有趣而淘气。别看她小小年纪，却十分聪明，已经很会为自己的懒惰找理由了。某天早晨，丫丫醒来得比较晚，醒来之后，她不想起床，同时也拒绝让妈妈给她洗脸。

妈妈试图说服她，就用充满诱惑的口气说：“你洗完脸，妈妈和你一起看‘喜羊羊’，好不好？”小丫头摇头，看着妈妈，一本正经地答道：“我不看电视，太伤眼睛了。妈妈，你也不要看，我是为你好。”听到丫丫竟然会学着自己说这样的话，搞得妈妈哑口无言。

故事里的丫丫和妈妈所说的话很有启发意义，值得我们借鉴。事实告诉我们，接受和拒绝实际上是不可分割的。当我们拒绝某件事，实际上是接受了另一件事情，反之亦然。拒绝中有接受，接受中有拒绝。拒绝他人的同时，我们应该去帮助对方发现，其实他可以接受另一种更好的建议，而这个建议就是一个合理的解释。

找到恰当的挡箭牌

人是社会性的动物，所以人与人之间互相制约的因素有很多，如果我们遇到不知该如何拒绝他人的烦恼时，不妨找个恰当的挡箭牌来拒绝他人，这样既不会伤害到别人的自尊心，还能维持彼此间的友谊。下面我们列出一些生活中常见的挡箭牌，大家可以参考一下，以备不时之需。

1. 用家人做挡箭牌

家人是与我们最亲近的人，也是最适合做挡箭牌的人。所以只要打出这张亲情牌，对方多半会收回他的请求。

2. 用制度做挡箭牌

身在职场，公司里难免有条条框框，不过也能成为拒绝别人的挡箭牌。

一个工厂的车间主任聊天时说："一位职工找到我，请求换一个车间工作。现在正是生产的关键时期，换车间是不可能的事，不过我没有直接明说，而是告诉这位职工：'公司规定，换车间时必须和其他车间的主任沟通，一致通过才可以，我一个人决定不了，所以我们要讨论一下。不过现在正是生产的重要时期，换车间涉及很多问题，所以不一定会成功。'"

这样回答的目的，就是让对方明白，这时换车间不是一个明智的选择，从而让对方知难而退。这比当场回绝的效果要好得多。

3. 用急事做挡箭牌

事有轻重缓急，如果能让对方觉得我们的事已经迫在眉睫，不容半刻延误，那么对方自然会收回请求。

4. 用"这是我一贯的原则"做挡箭牌

在面对形形色色必须说"不"的情景时，拿出"这是我的一贯原则"的模式回应，可以增加拒绝的力量和面对问题的慎重性。用这种方法也等于暗示对方你以前可能遇上类似的请求，而且，也已经慎重考虑过该如何回应。这也等于暗示对方，以前的经验告诉我们，这类的请求最好不要答应。

此外，用这种方法也传达了我们不能违反自己承诺的信息。当我们说“非常抱歉，我不能去。因为每个星期六的白天是我与爱人一起陪孩子玩的时间”回绝别人时，也等于让别人知道我们家庭的例行活动是无法更改的。

当然，在寻找回应方式之际，我们可以先帮自己制定一套个人的原则。因此，我们得到一个重点：在轻松自在地说“不”之前，必须先真正思考一下个人的立场是什么，这些立场包括：为什么要说“不”？当我们拒绝了不想承担的压力时，还为自己另外创造了哪些其他的空间？当我们能够真正认清并坚持自己所重视的事情时，就能大胆拒绝别人了。

PRECISE EXPRESSION

第六章

辩论适度说，不纠缠也不较真

情商高的人懂得沟通，他们不仅善于揣摩对方的心理，还能在此基础上完美措辞，让说出来的话更加生动悦耳，感染他人。很多人不懂适度地表达内心的想法，其实想良性沟通并不难，关键是把握说话的分寸感。得体的言辞在任何人听来都是一种享受，不但准确传递了信息，还能让人感受到浓厚的人文关怀。

得饶人处且饶人，前路才能更畅通

有一些人喜欢争辩，有理要争理，没理也要争三分；有些人不论国家大事，还是日常生活小事，一见对方有破绽，就死死抓住不放，非要让对方败下阵来不可；有些人对本来就争不清的问题，也非要争个水落石出；有些人极具攻击性，常常主动出击，用言语挑衅别人，永远要做胜利者。他们喜欢大呼小叫，见高拜、见低踩，小事要闹大，令人烦不胜烦。

人生一世，所有事情都可能发生意外，我们不能完全预料到事情未来的发展情况。这就要求做事时不能把事情做绝，而应该充分认识、冷静判断，给自己留有足够的回旋余地来采取别的应对措施。说话做事留有余地，就是为自己留后路，以免在发生意外的时候难以下台，要让在遇到麻烦的时候可以从容转身。

得理也要让三分

我们在待人接物时，要善于发现别人的长处，尊重别人，不要动辄就口无遮拦地对别人品头论足、议论别人的美丑贤愚，不要老揪住别人的小过失不放。如果我们无法学会尊重他人，就会影响人与人之间的亲密关系。同理，平日不可因追求一时的口舌之快而作意气之争，更不可因意气用事而得理不饶人，做到有理也要让三分。

“小姐！你过来！你过来！”一位顾客高声喊，指着面前的杯子，满脸寒霜地说：“看看！你们的牛奶是不新鲜的，把我一杯红茶都糟蹋了！”

“真对不起！”服务小姐一边赔着不是，一边微笑着说，“我立即给你换一下。”

新红茶很快就准备好了，碟子和杯子跟前一杯一样，放着新鲜的柠檬和牛奶。服务小姐轻轻放在顾客面前，又轻声地说：“我是不是能建议您，如果放柠檬就不要放牛奶，因为有时候柠檬酸会造成牛奶结块。”

那位顾客的脸一下子红了，匆匆喝完茶，就走了。

有人笑问服务小姐：“明明是他土，你为什么不直说他呢？他那么粗鲁地叫你为什么不还以颜色？”

“正是因为他粗鲁，所以更要用婉转的方式对待；正因为道理一说就明白，所以用不着大声。”她说，“理不直的人，常用气壮来压人。理直的人，要用气和来交朋友！”

每个人都点头笑了，对这餐馆增加了许多好感。往后的日子，人们每次见到这位服务小姐，都想到她“理直气和”的理论。而且人们常看到，那个曾经粗鲁的客人也和颜悦色，轻声细气地与服务小姐寒暄。

对于我们每一个人来说，出门在外一定要谨言慎行，遇事多为对方想想。正如案例中的服务小姐，为客人留下一些余地，赢得了大家的尊重和认可，这对于为人处世是很重要的。余地是双向的，留给别人的同时，也留给了自己。因此，走不过的地方不妨退一步，让对方先过。宽阔的道路，给别人让三分便利又何妨？

别把事情做绝，给自己留条后路

职场中的人际关系十分复杂，一不小心就有可能得罪人。就算你没有冒犯别人，由于利益相关，别人也可能将矛头指向你。有很多事情我们无法预料到它的发展态势，更不可轻易下断言，不留余地使自己一点儿回旋余地都没有。无论何时，不给别人留退路，也就是不给自己留后路。

萧菲菲刚进入公司不久，就已经被办公室里的气氛压抑得无法继续工作了。几个前辈经常为了鸡毛蒜皮的小事，或者一些蝇头小利吵得不可开交，吵到兴头上还会捎带着她。她坐观也不是，参与也不是。不仅对工作毫无益处，甚至还打乱了自己的生活。在年底的考评中，因为办公室的内斗，他们部门的考评得了最低分，每个人的年终奖也泡汤了。萧菲菲始终憋着一口气，十分反感他们的行为。

这些情况自然不能逃脱总经理的眼睛，很快总经理就找他们分别谈话。只是，这次谈话的效果并不好，他们还是为了利益争得不可开交，并且在一次失误中给公司造成了不小的损失。总经理助理曾经对人说过，总经理对这件事十分愤怒，也许这几个人就要被开除了。这些话被萧菲菲听到，她有一种马上就要脱离苦海的感觉。为了彻底让自己逃离那种时刻弥漫着硝烟的环境，她偷偷地去找总经理，将几个人私下所说的对总经理和公司不利的话全都一股脑儿地告诉了他。

总经理果然因为这件事下定决心辞退了那几个人，并且私下里表扬了萧菲菲的忠心。萧菲菲心中窃喜，想着这下自己可算是为公司立了大功，说不定还会得到什么奖励。但是没想到，此后总经理便像什么事情也没有发生过一样，更没有想要提拔她的举动。萧菲菲偷偷地打听后才知道，原来总经理因为她私下告状，觉得她这个人的人品不可靠，不堪大任。萧菲菲觉得自己的一番苦心好像受到了侮辱，于是提出了辞职。

总经理没有挽留她，而是给了她一笔钱作为补偿。萧菲菲认为自己有工作经验，寻找新的工作不算难事。果然没过多久，她就应聘到了另外一家公司。第一天上班的时候，她就明白了什么叫作“冤家路窄”，因为她新公司的上司就是之前被她告过的那几位前辈之一。自然，她也明白以后没有什么好日子过了。

俗话说：“人情留一线，日后好相见。”我们做事的时候不要把事情做绝，要留一些余地。这都是人们在长时间的人际交往中所得出的经验，也是我们通向成功之路所必备的素质。凡事都要以宽广的心胸为自己留一条后路，才能在未来的道路上进退自如。

我们与家人、朋友、同事，甚至路人在不同的场合交往接触，总免不了有意见相左、磕磕碰碰的时候，只要不是原则性的问题，各自主动退让，宽以待人，少计较得失，有利于减少矛盾，维护人际间的和谐，于人于己都是有益身心的事情。尤其在现代社会，人们出现过于计较个人功利的倾向，这种得饶人处且饶人的精神显得尤为珍贵。

学会适当服软，伺机发动反击

美国社会问题研究院的学者阿姆斯特朗·乔普在自己的著作《伟大的谎言》中写道：“我们试图通过不妥协、不示弱的方法来给予对方语言上的压迫，这并非总是有效的。应该保持一点退让的姿态，让别人说出他们想要说的。这样做并不是为了投降与撤退，而是为自己的出击创造更大的战略空间。在某些时候，我们应该假装接受对方的提议，并在适当的时机发动反击。”

人们常常都以为沟通是一个直线，其实它是一个圆。在这个圆上，当我们站在某一起点，目标是另一点时，只有往前走才是实现目标的唯一途径。事实上，只要我们换个思路，转一下身，便会发现实现目标的又一途径。而且我们还会发现，以前的那种途径不仅费时费力，还未必会成功；相反，如果我们换一个思路，从另一个方向出发，目标可能近在咫尺。大多数的人都会犯舍近求远、徒劳无功的错误。

认识同情心对我们大有裨益

美国的一项研究表明，在人的生命周期中，同情心呈倒“U”形曲线分布，也就是一个人在他年轻和老年时同情心比较弱，而中年时的同情心相对比较强一些，其中又以五十多岁的中年女性同情心最强。通过对一组数据资料的分析，研究人员认为，年龄较大的中年人对他人的不幸经历更容易产生强烈的情感反应，对他人看待问题的角度和观点也更能给予理解。

分析者认为，这可能是因为在人的生命周期中，前半段认知和情绪调节功能比较强一些，后半段则会逐渐下降，在这两种功能最高和最低的中间段，情绪不容易控制，同情心会更强。但不管怎么样，人的同情心是存在的。

叔本华认为，人的同情心就是对他人的痛苦感同身受。而人与人之间是高度相似的，每个人都能将别人的行为反推到自己身上，同样也能通过自己的感受体验到别人的感受。而且，人们往往更易于给予比自己还不幸的人以同情。

网上曾疯传这样一则故事：徐州的一个入室行窃者，一天偷偷地潜入了一户住家，当他看到屋子里家徒四壁、破烂不堪时，明白了这家主人的困窘，于是，他的同情心油然而生，不但没有拿走任何东西，还在离开的时候留下二百元钱，并在一张便条上写着让主人用它去换一把新锁。当这家主人回来发现这一便条后，愣了很久，因为她没想到小偷会这样做。

据此分析，这个小偷之所以会这样做，也应该源于他的同情之心。或许这家的贫穷，唤起了他自身的某些记忆，想到了贫困人家生活的不易。于是，同情心起，为那家人留下了二百元钱。

人的同情心是与生俱来的。同情他人，往往无关于一个人的道德品质，更多的是来源于那份感同身受的情感体验。只要说服者能够用自己的智慧，巧妙地将对方带入感同身受的情境中，就会引发对方的同情心的产生，一旦博取了他人的同情心，那么什么事情都可能得到解决。因为，对方已经不再从心里对我们设防，这样我们就可以动用智慧，以巧妙的说话方式将我们的想法灌输给对方，从而让他顺理成章地接受我们的建议，以达到说服的目的。

摆出妥协的姿态进攻对方

交流的目的往往是说服对方。有时候，直接说服对方比较困难，不妨采取“将计就计”的策略，先在表面上迎合对方的观点，实际上却想办法找出破绽，让对方陷入自我矛盾的尴尬处境。

苏联和中国的边界线很长，双方存在很大的边界和领土争议。在一次边界谈判中，苏联的谈判专家突然提到了中国长城，并询问中方谈判人员：“你们中国的边界在哪里？不就在长城一线吗？长城是干什么的？难道不是边防工事吗？”

中方的谈判人员了解对方的想法，知道对方一定想要按照边防工事来划定界线。这样无疑会让中国吃亏，毕竟长城以外的很多领土也是中国的。他顺着对方的话，提了一个问题：“看起来，贵国愿意按照边防工事这种界线来确定边界咯？”

看到中方人员落入自己的语言陷阱，苏联的谈判人员连忙点头同意。可是没等他们反应过来，中方人员又说：“我们中国修万里长城时，你们苏联的边防工事在哪里呢？你们的莫斯科直到20世纪才筑城堡，那也是防御工事。这样，我们可以吃点儿亏，让你们把边界就定在那里吧！”苏联起初还觉得自己占据上风，听到中方的话后，却再也说不出话来。

由此可见，有些时候如果想说服对方听从自己的想法和意见，最好不要直接说出自己的想法，或者直接否定别人，要懂得后退一步，做出妥协的姿态，给对方一些发挥的空间，之后才能有针对性地做出调整和修正，慢慢引出自己的观点，逐步达到说服他人的目的。

能屈能伸才能步步为营

一些精明人懂得变通之法，他们不会正面与人交锋，而是故意给对方营造一种自己已经做出让步的假象，要知道，做出这些小的让步是为了获得更大的利益。因为人们都有一种共同心理，那就是要得到别人足够的尊重，只要你给他一些小的让步，他就会满足你更大的要求。在有些情况下，别人争论不休的论点，对自己来讲反而不那么重要。

美国著名的顾问韦伯作为贺华勃及罗克法茵等许多大名鼎鼎的人物的咨询决策人，曾经很妥善地帮助他们解决了一个个非常难处理的事件。

一次，韦伯想请英国著名的阿斯蒂芬夫人参加刚在纽约动工的阿斯托尼亚大饭店的奠基典礼。

“不行，”阿斯蒂芬夫人说，“此事恕我不能从命，你们之所以需要我，只是想让我为你们大饭店做广告而已。”

“夫人，的确如此，”韦伯的直言不讳使阿斯蒂芬夫人吃了一惊。韦伯接着说，“然而，你也不会一无所获的，你也可以借此接近广大群众。因为这个典礼将由广播电视向全国转播。”后来他又向她声明，他们并不希望她发表什么演说，只要她到场露一下面就行了，并且反复强调了此举的意义。最后阿斯蒂芬夫人应允下来，答应出席他们的奠基典礼。

从这里我们可以看出，韦伯能使阿斯蒂芬夫人答应的真正原因，在于他从一开始就让这位夫人感到出其不意的让步。

英国曾有位著名的首相，名字叫劳合·乔治，他在政治方面有自己独特的见解，被称之为“圆融的劝诱术”。一个研究乔治的研究者对此做了如下解释：“乔治常常是在别人以为他已经失败了的时候获得胜利的。他懂得什么时候应当牺牲一点儿而最终取得全局的胜利。”在职场上，我们要有能屈能伸的精神，该退的时候必须退。这时的退，并不代表低头认输，而是为以后的胜利打好基础。

揣着明白装糊涂才是人生大智慧

揣着明白装糊涂是经历过人生各种境遇之后达到的一种崇高的境界，是睁一只眼闭一只眼的包容，是巧避锋芒的大学问，也是为人处世必不可少的一门艺术。我们做人要善于在一些事情上，表现出自己糊涂的一面，在无关紧要的小事情是，不如掩藏起自己的精明。

当一个人能够滴水不漏地讲话，或者将所有的东西说得头头是道时，别人可能会因为他缜密的心思而心生防备。尤其在职场上，那些说话很少有破绽的人不应当沾沾自喜，看起来越是完美的东西，越容易招致他人的关注。在很多时候，说话者应该适当展示不完美的一面，要懂得适时揣着明白装糊涂。

锋芒毕露不如韬光养晦

多数人认为自己说的聪明话越多，就越讨人喜欢，其实，在很多时候，说出那些自以为漂亮和聪明的话可能会招来一些麻烦。真正的聪明应该会适时地掩饰，而不是刻意张扬。那些巴不得扯着嗓门让全世界都知道自己足够优秀的人，往往不够聪明。

“二战”结束后，苏联和美国一直针锋相对，为了进一步确定各自的利益、明确界线，双方决定进行谈判。在谈判桌上，苏联领导人赫鲁晓夫始终咄咄逼人，言语十分霸气，而美国总统艾森豪威尔在面对赫鲁晓夫的提问时，却显得迟钝和犹豫，看上去就像一个什么也不懂的新手。

艾森豪威尔的表现让赫鲁晓夫非常开心，他认为对方完全不是自己的对手，自己的外交能力非常出色。因此，整个谈判过程中，他没有和苏联的谈判专家有过任何交流，完全是自作主张。最终，看似非常木讷、迟钝的艾森豪威尔在协议上没有犯下任何错误，而聪明自大的赫鲁晓夫由于自作主张，频频出错，导致苏联的利益受到了严重的损害。

通过一些看似糊涂的表现，艾森豪威尔成功制造出一种假象，让赫鲁晓夫放松了戒备。与喜欢直来直往的西方人相比，艾森豪威尔的表达方式更具有东方人的智慧，对于聪明的人来说，他们会适当隐藏自己的锋芒，不会让人觉得自己的话语多么绝妙。所以，艾森豪威尔展示出自己“愚蠢”的那一面，成功地麻痹了对手。

糊涂的人更容易获得幸福

活得比较糊涂的人，更容易获得幸福。这是因为糊涂的人，计较得比较少，虽然他们活得简单而又粗糙，但却领悟到了人生的大境界。活得清醒的人，反而容易烦恼。这是因为聪明的人看得太真切，太较真儿了，生活中便烦恼遍地。

电影《阿甘正传》讲述了一个名叫阿甘的美国青年的故事，他的智商只有75，进小学都困难，但是，他几乎做什么都成功：长跑、打乒乓球、捕虾，甚至爱情。最后，他成为一名成功的企业家，而比他聪明的同学、战友却活得并不成功，这是对聪明的一种嘲弄。阿甘常爱说的一句话是："我妈妈说，要将上帝给你的恩赐发挥到极限。"

阿甘的成功，从某种意义上说，得益于他的轻度弱智、不懂得算计。他唯一做到的就是坚持努力，认真地做、傻傻地执行。阿甘并不是愚者。他成功的方法只有一个，那就是不计成本地努力。

现实生活中，没有一个人愿意被别人当成是傻子，我们太过计较个人利益的得失，以至于希望自己比别人精明一点。然而，这种自以为聪明的想法，反而使人们受自己的贪婪心理所影响，利欲熏心、头脑模糊，时常做出与初衷背道而驰的决策，越想获得更多，越是欲壑难填，结果往往不尽如人意。

有人说："人生都道聪明好，难得糊涂方为真。"殊不知，糊涂分为两种：一种是真糊涂，懵懂处世，表面看去与生俱来，装不来，求不到；另一种是假装的糊涂，明明对是非黑白已心中有数，时机未到之际偏偏装作不知晓，在聪明和糊涂之间进退自如。

鲁密斯曾是伊利诺伊州铁路局的局长。铁路局为缩减支出预算，在进行裁减冗员，鲁密斯把防备盗窃木材的守夜人裁去了。

有些工人觉得堆积木材的场上没有人员看守，这样就可以将木材随意搬取。因此，在守夜停歇后一个月的时间里，场上的木材时有丢失。而先前路工们家中破烂的篱笆，如今一户户已修理完整，还增设了一些猪圈、鸡栏，更有甚者，有些路工家的走廊跟梯子的破旧板子也焕然一新了。

鲁密斯观察到这些情况，不动声色，路工们还以为他老实糊涂可欺。没想到，等到发工资的那日，凡是曾偷窃木材的路工，在应发放的工资里，已经把木材的价值扣除了，财务处所开列的工资条上，正确地显示着路工们偷窃木材的数量。

众人都非常惊讶鲁密斯是如何知晓，并计算得如此精准。鲁密斯解释说："在这一个月的时间里，我每日总是度量木材，计算损失的数量。如果谁偷窃木材，万万不会把他偷窃木材的数量算错，或漏记在工资账上。"路工们听完，只能苦笑。既然一样要付出木材的成本，根本就没必要大半夜的偷偷摸摸，自己费力，把木材弄到各自家中来。之后，路工们偷窃木材的事情再也没有发生过。

鲁密斯在涉及原则问题时是假装的糊涂。也就是说，我们保持与人为善、难得糊涂的态度固然很重要，但在涉及原则问题时，绝不能视而不见、假装糊涂。

不少人都不愿意糊涂地活、糊涂地过日子，总喜欢打探个水落石出，当获悉事实上许多事情超出了自己的想象和能力范围，自己难以承受，那就变成了心理负担。其实，无论是谁都存在着一定的盲点，有一些事情应做到心明如镜，有一些事情淡化而模糊地处理便可，万万不可活得太过精明。

说话留余地，切忌过于绝对

言不可说尽，责不可苛尽，才不可傲尽，功不可邀尽，理不可抢尽。为人处世一定要懂得留有余地，千万不能做得太满、太绝。如果我们想在人际交往中游刃有余，最重要的一点就是不要把话说绝，为自己留条后路。

《菜根谭》上说："路径窄处，留一步与人行；滋味浓时，减三分让人尝。”为人处世要懂得给人留三分空间，说话也是一样，不要认为自己有理就把话说得太绝。其实适当给别人多一些的选择，有助于双方更好地化解彼此之间的分歧和矛盾，而这也恰恰是沟通的核心所在。

出语留余地，七分给自己

现实生活中，我们常常会犯自以为是的错误，比如对我们不了解的事情轻易地下断言，不留余地，因为我们已经把话讲得太满，在得知真相的时候往往处于窘境，甚至留不下一丝扭转乾坤的可能。

在17世纪以前，欧洲人普遍认为天鹅都是白色的，不会再有其他的颜色。有个探险家不相信这个观点，他认为在欧洲人走遍世界之前最好不要说这样的话。这让一个科学家感到不满，他觉得探险家不该质疑学术界统一的观点。因此，两人打了一个赌：如果世界上还有其他颜色的天鹅存在，这个科学家就永远离开欧洲，不再回去；相反，一旦所有的天鹅都是白色的，这个探险家也将彻底离开欧洲。

不久之后，欧洲人发现了大洋洲，并且陆陆续续地前去探索这片神秘的大陆。他们发现了一个令人难以置信的真相，那就是澳大利亚存在很多黑色的天鹅。当初那个坚称天鹅只有白色的科学家只能愿赌服输，离开了欧洲。

黑天鹅事件其实证明了一点，即任何事物都可能存在例外。因此，不要把事情看得太过绝对，凡事都要给自己留下一些足以回旋的余地。会说话的人善于把握好分寸，知道自己什么时候该说什么话、该说到什么份上，而不是一次性就把话说满。

与人为善，话不必说绝

古时候，皇帝出外狩猎，每次撒网都是只撒三面，总是会留一面给那些猎物一个逃跑的机会。因为凡事都不能做太绝，为他人留退路就是给自己留退路。世界是一个联系的整体，我们要与人交往，也需要别人的帮助。所以，做人不要得寸进尺，更不要小肚鸡肠，要适可而止，留下回旋的余地。

公司里最近有一个很急的项目，大家为了赶进度，甚至占用了吃饭、休息的时间，公司里的气氛很紧张。一次，同属于设计部的孙茜和周一然为了一个项目产生了矛盾，闹得彼此很不愉快。孙茜本来脾气就不是很好，加上最近工作压力大，一时没忍住，冲周一然吼了几句："你听好了，从此咱俩谁也别搭理谁，你走你的阳关道，我走我的独木桥，就当互不认识。"周一然脾气虽好，但也是个要面子的人，于是两个人从此形同陌路，再也没有说过话。

就这样过了三个月，两个人各忙各的事。一天，领导忽然宣布，周一然升任设计总监。昔日的"敌人"突然成了自己的顶头上司，孙茜无论如何也接受不了这个事实，又想起当初自己信誓旦旦说过的话，真是太尴尬了。最终，孙茜因为无法面对现在的上司而辞了职。

俗话说："人情留一线，日后好见面。"不把话说满、说绝，为自己留一条后路，这样日后方能进退自如，否则受伤的只能是自己。

水满则溢，话满则疏

众所周知，打仗的时候要选择合适的位置，离得太近了无疑是送死，离得太远了又打不到敌人，所以要保持适当的距离，做到进可攻，退可守。说话也是同样的道理，总有一些人喜欢拍着胸脯给人打包票，把话说得太满。殊不知任何事在结束之前，我们都无法预测结果，若是事情办得圆满，当然皆大欢喜，一旦与想象中相差很大，很有可能给自己带来麻烦。

某公司来了一位新职员名叫安陆。公司每周一开例会，会上主要探讨一些产品的市场预测，并鼓励每个人都发表自己的见解。也许是“初生牛犊不怕虎”，在会上，安陆表达了自己的想法，说得头头是道，并表示如果按照自己的想法实施一定能成功。

项目部的经理决定给他一个机会：“你先写一个详细的计划书吧。”听了这句话，安陆欣喜若狂，拍着自己的胸口说：“您就放心吧，我保证三天之内奉上。”可是三天时间一晃而过，安陆由于经验不足，并没有完成计划书，经理过来问怎么回事，安陆只好老实交代：“不好意思，原来计划书做起来真的不容易，我只完成了一半……”经理的表情顿时有些异样。

故事中的安陆已经给经理留下了这样一种印象：好吹牛皮，不值得信赖。因此，在说话的时候，一定要给自己留出回旋的空间，这样才能让自己避免陷入进退维谷的尴尬境地。

此外，很多过于绝对的话容易将谈话的对象推入尴尬的境地，由于把话说得太满，导致双方退无可退，只能保持剑拔弩张的敌对状态。一旦这种矛盾不可调和，彼此之间就只能继续对抗下去，没有任何回旋的空间。

正因为如此，话一定不能说满，不能够说绝，要为自己留有后路，也要为别人留有三分余地，这样双方才会有更多的话语空间和交际手段来处理分歧，确保沟通能够顺畅进行。

把握言辞尺度，恰如其分与人沟通

古往今来，“言多必失”的教训不计其数，让很多人将“三缄其口”作为处世的座右铭。纵观那些成功人士，说起话来往往很会把握分寸，无论在什么场合都是落落大方。该说的时候，说得充分；

不该说的时候，惜字如金。

美国人类行为科学研究者汤姆森指出："发生在成功人物身上的奇迹，一半是由口才创造的。"这是千真万确的，如果你经常出言不慎，那么，你不可能获得别人的认可、合作与帮助。无数成功者的实践证明，善于说话，并把话说到对方的心里，才是实现成功人生的催化剂。话是一样的话，只是在于我们如何把握沟通的尺度与分寸。

说话有分寸，照顾对方情绪

心理学家认为，多数人在自我表达方面的欲望比较强烈，一个人如果被赋予足够的话语权，他可能会毫无顾忌地说出所有的话，这显然是不够明智的。事实上，每一个人都有权利表达想法，但这种表达需要视具体的环境和氛围而定，要把握说话的分寸，懂得照顾别人的情绪。

范美玲是个活泼开朗的小姑娘，说话总是像打机关枪似的那么快。当然话说得快了，思考的时间就短了，有时候不知不觉间就会得罪别人。

范美玲的好朋友王晓美最近脸上长了不少痘痘，找了不少医生，也吃了不少药，可总是不见效果。前几天的痘痘退下之后，又有新的痘痘长出来，之前的痘痘还会留下不少印记，看起来十分有碍美观，王晓美为此揪心不已。一天，范美玲跟王晓美一起逛街，路上看到了一个皮肤受损的姑娘。这个姑娘也许是之前遇到意外，脸部基本算是毁容了。范美玲指着那个姑娘跟王晓美说："小美，你不用害怕你的痘痘，你看那个女孩那么丑不还是出来逛街，你的情况比她好多了。"王晓美听完之后，一扭头就哭着跑开了。

在单位里，范美玲也完全不知道怎样说话才合适。办公室里的张姐最近在网上淘了一件衣服，样式倒是不错，只是张姐的身材太胖，穿上不是那么好看。其他同事都点头说还可以，跟张姐关系好的同事也会说衣服样式不太好，显得胖了些。而范美玲一看到便开口说："衣服样式挺好的，是张姐你最近发福了吧？"张姐一听，马上黑了脸，再也不跟范美玲说话了。范美玲还在诧异，不知道自己到底说错了什么。

单位里的同事关系都不错，因此大家经常相约一起吃饭。有一天大家聚会，将科长也请来一起热闹。酒足饭饱之后，大家起身准备离开酒店，眼尖的人看到科长的裤子拉链开了，便打算悄悄提醒他一下。没想到还没开口，范美玲便叫道："科长，你裤子拉链没有拉好。"科长低头一看，马上涨红了脸，匆匆忙忙走进了卫生间。周围的人哭笑不得，纷纷对范美玲说："你说话也太直接了吧，这下科长还不得尴尬死！"果然，此后很多天，科长都没有跟范美玲说过一句话。

直率是一个褒义词，这可以算是一个人的优点。可是，在职场上，像案例中范美玲这样的快人快语很显然不是与别人沟通和相处的最好方式。

敏感话题不必深谈

美国心理学家艾达曾经写过一篇名为《说话的是非》的文章，在文章中她列举了各种各样由于说话不慎而引起的是非，其中有一个原因就是：在一些容易引起不快的问题上说得太多。尤其是在指出别人错误的时候，需要把握好指正的分寸，批评的话说得太多，可能会伤害到对方，甚至引发双方之间的矛盾。

在美国内战时期，北方军队的重要将领格兰特将军备受争议和打压。一方面，他具有很高的军事指挥能力，另一方面，他因为嗜酒如命而被高层疏远。很多人指责格兰特过度酗酒、缺乏自制力，尽管这是实话实说，但喋喋不休的劝阻和批评还是让格兰特觉得难以接受。

后来，北方军队在南方军队的攻势下节节败退，形势越来越不利，林肯总统不得不说服其他人安排格兰特担任总司令，但格兰特因为和同僚赌气，拒不接受这个职务，林肯不得不当面去说服他。见到格兰特后，林肯始终高度赞扬他的军事能力，直到离开的时候，才半开玩笑地说一句："当然，我们的将军身上不需要酒气。"

林肯说话一带而过，表达得十分隐晦，用意是提醒格兰特不要在战场上喝酒，却没有伤及他的自尊与面子。于是，格兰特爽快地接受了新职务，并很快带领北方军队发起反攻，扭转了战局。

此外，在讨论一些比较敏感的话题时，说话者同样应该掌握好说话的分寸，只要触及其边缘即可，没有必要深入，以免卷入是非之中。在一些权力争斗和利益纠纷中，局外人最好不要过多地进行评论，可以适当进行提醒，但不能说得太深入。

聪明人不会说起话来滔滔不绝，而是能把握住分寸，说出恰如其分的话。每个人的身份性格都不同，见到不同的人，说话的语气、态度、说话方式都要有所不同。说话前要了解对方的喜好与性格，灵活多变，对症下药，真正做到把话说到对方心坎里。总之，我们要想在别人心目中有个好印象，有一个原则必须谨记于心：在任何地方和场合，针对任何话题，我们都要做到说话有分寸。

用委婉含蓄的方式表达自我

英国哲学家培根说："含蓄和得体，比口若悬河更可贵。"没有人会否认含蓄委婉的说话技巧是建立良好人际关系的重要途径，它的特殊表现力在于它把本来可能由于直言而引起的不快，巧妙、婉转地加以回避，而又不失本意，起到了避拙就巧的作用。

人与人之间的交往，委婉含蓄地沟通是一种魅力，同时也是一种语言的艺术。在表达自己的态度和感情的时候，将自己的含义藏在暗处，不直截了当地说出来，而是从侧面切入，可以达到预想不到的效果。这一方法不管是在向别人提出请求、提出意见，还是想要拒绝别人的时候，都能够起到不错的效果。

委婉提出请求更容易让人接受

在与别人交往时，总会有一些不方便或者不允许直接表达出来的内容，需要软化一下语言，以便别人接受。虽然是表达同样一个意思，但是话语不同，获得的效果则大不相同。会说话的人说出来的话总能让人听了心里舒坦，也更容易接受。

林萧萧是一家电视台的记者，今天她得到了一个特殊的任务，让她头疼不已。电视台的领导告诉她，第二天将会有重要人物来台里视察，机会难得，希望林萧萧能够想办法得到那位重要人物的题词。林萧萧想，那位重要人物的时间那么宝贵，怎么肯花时间为台里题词？若是贸然地直接提出要求，会不会显得不太尊重？林萧萧左思右想，一夜都没有睡着。

第二天，那位重要人物在市领导的陪同下来到电视台。当他走进某节目的演播室时，所有在场的人都起立鼓掌，气氛一下子热烈起来。很多人都簇拥在这位重要人物的周围，争先恐后地想跟他交谈。这位重要人物连连点头，微笑着慰问大家。林萧萧灵机一动，认为这是一个非常好的氛围，于是便走到重要人物的身边，开口说道："这些人只是我们台里的很少一部分，大部分人虽然也很想见到您，但是由于工作需要，只能在外地为采访而奔波，非常辛苦。"

这位重要人物点点头说："你们都辛苦了，为国家做了不少贡献。"林萧萧连忙接下话说："大家都是以工作为重，所以今天不能到这里，肯定十分遗憾。您能不能给他们留几句话？”重要人物看了林萧萧一眼，笑着答应了，接过纸和笔，欣然一挥而就，留下了珍贵的墨宝。写完之后，全场响起一片掌声，热烈的气氛进入了高潮。

林萧萧委婉地提出了自己的请求，她的表达又十分诚恳贴切，所以最终才能如愿以偿。当我们有求于他人，但是又不便直接提出的时候，通过委婉的语言表达出来则可以事半功倍，这正是利用了人们思维的曲折性和复杂性来实现的。这不仅让别人容易接受，更能够深得人心。

避重就轻，含蓄回答

每个人的心里都有一个堡垒，真实的自我就藏在里面。我们的直言直语往往会把别人的堡垒给攻破，把对方从里面揪出来。在人际交往中，人们总有一些不便说、不忍说，或者是由于语言环境的限制而不能直说的话。因此，说话时要尽量委婉含蓄一点儿，能不说就不要说，要说就拐个弯，点到即止。

清初，有位诗赋名家叫周宛云，当时慕名请教他的人络绎不绝，都以能见他一面、聆听他的教诲而深以为幸。

刚开始时，周宛云见别人千里迢迢向他求教，格外尽心，是非曲直、好坏褒贬，一点儿也不隐瞒，以为只有这样，这些求教于自己的人才会有所收获。谁知这些人拿着诗稿都是兴冲冲而来，经他批评一番之后，一个个垂头丧气而去。时间一长，外面议论周宛云老先生的话便多了起来：有人说他狂傲，有人说他自以为是，有人说他浪得虚名，有人说他黑白不分等，不一而足。

周宛云老先生十分后悔，对朋友诉苦说：“我既不想招来别人的怨恨，更不想把他们狗屁不通的诗说成是天下绝作，这该如何是好呢？”朋友淡然一笑，劝慰他说：“你呀！既不说他诗好，又不说不好，只说一句‘真不容易’不就结了？”

周宛云老先生豁然开朗，对朋友这一妙招点头称是。

这一天，又有个老头儿骑着毛驴带着上百卷诗稿前来向他求教，他改变以前的做法，和颜悦色地问老头：“您作诗到如今有多少年头了？”老头儿颇为自豪地说：“快40年啦！”周宛云老先生用手拍拍诗稿：“在40年里，竟能做出一百多卷诗来，真不容易呀！”老头儿连连说：“哪里哪里！”心满意足而去。

从此以后，向周宛云请教的人都高兴而来，满意而归。他们回去都向别人说：“宛云老先生说我的诗不容易，真是有眼光！”

“真不容易”有很多种意思。可以理解为写得好不容易，也可以理解为你的水平能写出这种诗也就很不容易了，还可以说能把诗写得如此糟糕很不容易。周宛云用“真不容易”回应问询者确实让谈话双方皆大欢喜。

避实就虚，应对自如

一个聪明的说话者一定懂得，说话讲究的是曲径通幽的含蓄美，说话委婉、渐进推行。因为，相比直接明白的表述，委婉含蓄的暗示往往更有回旋余地，更加耐人寻味。说话委婉含蓄的人，善于用曲折婉转的暗示，让听者明白自己的本意。

第二十四届奥运会在韩国首都举行，当中国代表团到达首尔时，记者纷纷围上来，问中国代表团团长李梦华：“中国能拿几块金牌？”“中国能超过韩国吗？”李梦华答道：“10月2日奥运会结束之日，你们肯定能知道。”记者又接着问道：“中国新华社曾预测能拿八至十一枚金牌，你认为这是客观的吗？”李梦华回答道：“中国有充分的言论自由，记者可以按他们的想法写。”

大凡国际赛事，自己队能拿多少枚奖牌，其实心里一般是有底的，有的甚至还落实承包到具体运动员。但是赛场上变幻莫测，决定能否夺魁的因素变数很大，无论对谁来说，都没有十拿九稳的把握。

能拿多少奖牌，关系到国家的荣誉，不能出尔反尔，视若儿戏，更不能授人以柄。因此，对记者提出的这样的问题，一般都要拒绝回答。但这又有别于正式严肃的外交场合，所以拒绝时不妨来点儿语言游戏，或避而不答，或避实就虚，轻松诙谐，又达到了自己想要的目的。

在人际交往中，要想取得良好的沟通效果，不妨委婉含蓄地表达。同样一句话，直白地说和委婉地说结果会大不同。相比口无遮拦、直截了当，委婉含蓄更能体现一个人的语言修养。

认真不等于较真，计较太多失去也多

认真不等于较真。在实际生活中，许多兢兢业业做事的人没有被升职加薪，但一些业绩并不突出的人反倒获得了领导的青睐和提拔，便是由于前者多较真，而后者认真；前者多被领导赞扬，但跟领导走得不近，后者多被领导批评却跟领导交往密切。

做人虽然不能玩世不恭，游戏人生，但也不能太较真、认死理。太较真了，很容易看不惯这儿也看不惯那儿，眼里不揉沙子，长此以往，必然会让自己同社会隔绝开。每个人在生活中都难免会遇到不同的困难，但是困难终究不是生活的全部，沉湎于计较的人，因太过较真而迷住了自己的双眼，只能看到生活的阴暗面而看不到光明。

计较只会让人处于尴尬的位置

在人的一生中，计较就好比是幸福生活的绊脚石。假如一个人为了获得当前相对舒服安逸的生活，总是习惯于千般牢骚、万般计较，就容易付出让幸福走远的代价。很多时候，正是一些习惯性的小计较，给人生酿成了难以弥补的大遗憾。

有一位资深媒介专员准备到一家公司应聘，在诸多竞争者中他的工作经验最丰富，学历最高，工作成绩也最显著。

经过复试，他原本脱颖而出，却没想到最终公司聘任的居然不是他。对此，他感到无比诧异。于是，他不服气地来到这家公司，想弄清楚自己落败的原因。

结果，他得到了这样的回答："的确，您的经验能力是最突出的，但从您对您原来的公司的形容中，我们发现您是一个很喜欢计较的人，计较中午的工作餐不是人吃的，计较工作差、工资少，计较空有一身绝技却没有赏识自己的伯乐……您口中的前公司在您眼中那么糟糕，而据我所知，我们两家公司的规模和体制差不多，我想您到我公司来也一定会有着这样那样的不如意，所以……"

这个事例再次说明，不如意之时，一味计较这个、计较那个，不但于事无补，有时候还会令事情变得更糟糕。因此，无论我们遇到怎样的现实，都不应该计较太多。与其计较，不如换种想法，凭借自己的努力改变不如意的现状，这样才有可能获得幸福。

面对分歧时，不要太较真

人与人之间难免会有产生矛盾的时候，而消除这些矛盾需要讲求方式方法。当跟人发生不愉快的事情后，过于计较，试图拼个鱼死网破，这种做法是不可取的。计较是最没有影响力的语言。遇到不如意的事情，不妨看淡一些，静下心来思考一下：出现这种情景是什么原因造成的？又能够用什么方法加以解决？

一天上午，一个美国人突然怒气冲天地闯入上海某饭店的经理室，质问道："你就是经理吗？我刚才在大门口滑倒，把腰给摔伤了！你们弄的地板如此滑溜溜，连点儿防滑措施也没有，太危险了。立刻带我到医务室去！"

见此情形，经理并没有因为对方不分青红皂白地乱骂一气而生气，反而很客气地说："这实在抱歉得很，您的腰部没有大碍吧？我马上联系，安排人员领您到医务室去，请您稍微坐一会儿。"

美国人坐在椅子上，继续计较不停，但不管怎样，已经镇定了下来。饭店经理见状，便温和地说："请您换上这双鞋，已经联系好了医务室那边，现在我就带您过去。"

其实，早在这个美国人闯进来时，经理就已经看出他的腰部没有什么大碍。所以当美国人离开经理室后，经理就将他换下的鞋悄悄递给一位服务员，说："这双鞋后跟已经磨薄了，在我们从医务室回来之前，把它送到楼下修鞋处换一个橡胶后跟。"

检查结果正如经理所料，未见任何异常，美国人也完全冷静了下来，随后一同回到经理室。经理说："没有什么异常比什么都好，我们也就安心了，不妨再喝杯茶压压惊吧！"

这时，美国人也觉得自己刚才的言行过于冒失，便说："地板是比较滑，很危险的，我只是想提醒你们注意一下，没有别的意思。"

经理说："很冒昧，我们没有经过您的同意擅自修理了您的鞋。据鞋匠说，是后跟磨薄才使您走起路来容易打滑。"

这个美国人接过刚刚修好的鞋，注视着正合适的橡胶鞋跟时，若有所思。过了一会儿，他高兴地说："经理，真的谢谢您的厚意，对您给予我的关怀照顾我是不会忘记的。"

经理送这个美国人出门时，说："请您将这件滑倒的事忘掉吧，欢迎您再来。"于是，两人愉快地握手后，美国人再次向经理道歉，并表示感谢，之后，便迈着轻盈的步伐走出经理室，渐渐消失在人群中。从此，只要这个美国人到上海，必定下榻这个饭店并向经理致意。

这个美国人最后之所以能够满意而去，究其原因在于饭店经理能够在顾客的计较面前保持理智、顺着对方的意思，先化解掉对方的怒气，随后用柔和的语气让这个美国人冷静，再用客观事实对其说理，最后让他意识到自己的“无理取闹”，进而消除误会，制止了事态恶化。“用软绳捆硬柴”说的就是这个道理。试想倘若经理计较美国人最初的恶劣态度而争吵起来，那结果可想而知。

事实上，一点点表面上看起来不起眼的计较，如果时间久了累积起来，就有可能酿成人生的大遗憾。当我们面对公司没有赏识和提拔自己的伯乐时，当我们受到他人指责时，不要急于反驳，首先应该自我反省，反省一下自己有没有总是抱着计较的态度在做事。

PRECISE EXPRESSION

第七章

求人软着说，八面玲珑才好办事

我们不得不承认，每一个人都有能力限度和作用范围，当我们想要做成某件事，而自己所具备的条件和能力又无法达到时，我们就需要向别人求助，借别人的力量来创造条件，以达成我们的目的。有时候，我们在求助于他人的时候会碰到各种阻碍，这时就需要我们运用技巧和智慧来说服对方，让对方愿意对我们伸出援助之手。

软磨硬泡只是手段，耐心才是制胜法宝

软磨硬泡是指用自己的耐心和毅力使办事难的坚冰溶化，从而感化对方，最终办成事情。软磨硬泡初听起来有些死皮赖脸的味道。然而，究其实质，它与耍赖、无理取闹有着根本性的不同。它立足于韧性与耐心，着眼于感化对方。

有些事我们怀着一片热心找到对方头上，对方能办，可就是找各种各样的借口和理由搪塞、推托和拒绝，搞得我们无能为力、无可奈何、无计可施。有些人在这种情况下只好打退堂鼓，撤回了事，也不再另行组织进攻了。

但也有一部分性格顽强、不达目的誓不罢休的人，他们采用软缠硬磨法，友好地赖着对方的时间，赖着对方的情面，甚至赖着对方的地盘，不答应就不撤退，不把事情办成就是不回头，搞得对方急不得恼不得，最后不得不答应了他的要求，他这才鸣金收兵，凯旋。

以足够的耐心磨成事

办事没有耐心显然是不行的，其实耐心也是一种智慧，没有耐心的人只能办一些小事易事，而对于大事、难事是没法办成的。

如果你所追求的异性是一位事业型的人，那么你可以用“磨”让他不耐烦，最后不得不举起白旗向你投降。当然，如果对方从心里对你感到厌恶，你就是烦死他也没用。

有位女作家，在浓浓的浪漫情调中与某男士结成情缘，她称那位男士是追她的男朋友中条件最差的。事情的起源要追溯到几年前，

那是她第一次赴上海，为了洽谈自己的小说的授权。

一次晚宴上，女作家和男士相遇，男士深为女作家的人生体验所感动，晚宴后就告诉她一句惊人之语："我可以追求你吗？"她当时只当成是一句玩笑话。不料男士真的开始展开猛烈追击，他带了好多朋友，每天从早上开始，一起在她下榻的大酒店"站岗"。对于男士此举，女作家感觉如遇"恐怖分子"，不敢踏出饭店一步。而紧盯不放的男士便不断以电话"骚扰"女作家，并告知她"如果再不露面，便要通知你的所有朋友，告诉他们我要追你。"被逼得无路可跑的女作家，急中生智说："你请我喝咖啡，我们好好聊聊。"她知道男士收入低，索性一口气喝了五六杯咖啡，准备使追求者"破产"。

结果他也跟着叫了五六杯咖啡，结账时不但没有囊中羞涩，反而给了服务员一笔数目不小的小费，让对方知难而退的计谋没有得逞。最激烈的是，她在上海的最后一夜，那位男士鼓足勇气，竟在大庭广众之下亲吻女作家。霎时花容失色的女作家久久不能言语，随后有些羞愤地说："你怎么可以这样。"当她离开上海，那男士更是一路穷追猛打。赴西安，追踪到西安；抵达台北，电话不知打了多少个。至此，女作家说："只要我存在地球上一天，似乎都无法逃出他的手掌心。"只好宣布投降，宣告结婚。

"磨功"终于"磨"来有情人。可见有了足够的耐心，无论多难求的人都能成功地说服和争取来。善"磨"的人都是具有非凡耐心的人，这种人的耐心从某种意义上讲，正是一种人生资本。

见机行事的蘑菇战术

"泡蘑菇"，不仅要能"泡"，还要会"泡"。"泡"不是消极地耗时间，也不是硬和人家耍无赖，而是采取积极的行动影响对方、感化对方，促进事态向好的方向转化。

某市保险公司张科长到一个乡开展保险业务，因群众对保险工作性质不了解，怕吃亏，不愿参加，其中村主任最为固执。张科长决心攻下这个堡垒，他天天跑几十里去向他们宣传、动员，村主任怕见他，就躲着走。

一次听说村主任到几十里外的邻县亲戚家帮助盖房，他骑车追了去，车子一放，袖子一挽就干活，干完活还和村主任磨。为了找一个长谈的时机，张科长干脆天不亮就起床，冒雨赶到村里，在村主任家门外一站两个钟头，村主任起床开门愣住了，见张科长淋得像水鸡，便一把将他拉进屋里说："张科长，你就别'泡'了，我们参加还不成吗？你这种精神头，就是'上帝'也得举手投降！"村主任这个堡垒一攻破，这个村参加保险工作的局面就打开了。

推销员的工作最不好做，然而落雨下雪是推销员上门的好日子。外面下着雨，别人都躲在家里，而推销员站在门口，不能不使你产生同情心，因而难以拒绝，虽然我们都很清楚地知道，这是推销员采取的一种策略。

但毕竟他要这样做啊，对此我们能无动于衷吗？这种推销方法，就是巧妙地利用了人类的感情。本来不打算购买的人，也会产生"再也不能让他白跑了"的想法，使他们有种心理负担和欠人情债的感觉，要使对方做出大幅度的退让，就要让对方多积累些微小的心理负担，当这种心理负担扩大到一定程度时，对方就只能让步了。

软磨硬泡不招人烦的技巧

"软磨硬泡"的特色是以消极的形式争取积极的效果，通过消耗彼此的时间和精力，给对方施加压力，从而达到影响对方态度和改变对方态度的目的。要想软磨硬泡又不招人烦不妨试试如下几个方法。

1. 学会控制情绪

在办事过程中，能不能控制来自外界的刺激所产生的情绪，对于办事的成功与失败，有决定作用。应依据不同的办事对象及办事环境的需要，做到处险而不惊，遇变而不怒。

2. 耐心周旋

有些人脸皮太薄，自尊心太强，经不住首次拒绝的打击，只要略一受阻，他们就脸红，感到羞辱、气恼，要么与人争吵闹崩，要么拂袖而去，再不回头。看起来这种人很有几分“你不给办就拉倒”的“骨气”，其实这是过分脆弱的表现，导致他们只顾面子而不想千方百计达到目的，于事业无益。

因此，我们在找人办事时，既要有自尊，但又不要抱着自尊不放，为了达到交际目的，有必要增强抗挫折的能力，碰个钉子脸不红心不跳，不气不恼，照样微笑与人周旋，只要还有一丝希望就要全力争取，不达目的决不罢休。有这样顽强的意志就能把事情办成。

3. 积极跟踪

俗话说：“人心都是肉长的。”不管双方认知距离有多大，只要我们善于用行动证明我们的诚意，就会促使对方去思索，进而理解我们的苦心，从固执的框子里跳出来，那时我们就将“泡”出希望。

4. 反复强调

同样的意思，要反复申请、反复渲染、反复强调，不达目的，誓不罢休。面对顽固的对手，这是一种有力的武器。

厚脸皮实则是内心坚韧的外在表现

许多时候，我们求人的实质就是谋求利益的交换，目的是为了壮大自己，让自己渡过难关，谋求更好的生活和发展。在求人过程中，如果我们的实力确实和对方相差悬殊，不妨放下自己的面子和身段，以不达目的不罢休的姿态来与对方周旋。

海滩上有两种性格完全不同的蓝甲蟹：一种比较凶猛，从来不知道躲避凶险，和谁都敢开战；而另一种比较温和，不善于抵抗，遇到敌人时，便翻过身子，仰面朝天，任其捣它、踩它，无论怎样它就是不动，在那里装死。千百年后，人们发现，强悍凶猛的蓝甲蟹已呈现濒临灭绝的状态，而性情温和的蓝甲蟹却繁衍昌盛，遍布世界上许多海滩。

动物学家研究发现，强悍的蓝甲蟹，之所以在千百年后处于濒临灭绝的状态，其原因之一，它比较好斗，在相互残杀中死了一半；其次，因为其强悍而不知躲避，被天敌吃掉了大部分。而性情温和、只会装死的蓝甲蟹，因为善于保护自己，才使得种族能够很好地繁衍下来。会装死的蓝甲蟹告诉我们，有时候为了生存，不妨稍微收敛一下我们的锋芒和自尊。

缠而不赖的厚脸皮

脸皮不厚办不成事，这是众多办大事者的一条心得。其实，厚脸皮是一个人内心坚韧的外在表现，唯有懂得这个道理，才能使自己真正成熟起来。

海耶斯是美国俄亥俄州的著名演说家。他一直记着30年前，他还是一个全然生疏、紧张兮兮的实习推销员在推销收银机时的情景。一位老练的前辈带我来到某个地区。当我们进入一家小商店时，老板突然大叫：“我们对收银机没兴趣！”那位前辈就靠在柜台上，咯咯笑了起来，仿佛他刚听到世界上最好笑的故事一样。

店老板瞪着他，那位前辈直起身子，微笑着道歉说：“我忍不住要笑。你令我想起另一家商店的老板，他也说他没兴趣，后来他成了我们最好的主顾之一。”随后这位熟练的前辈继续很正经地展示他推销的货品，每一次老板表示他对这东西没兴趣，我的朋友就把头埋在臂弯里，咯咯笑起来，然后他会抬起头来，又说一个故事，同样是说某人在表示不感兴趣之后，买了一台新的收银机。

大家都在看我们，我当时窘透了。我对自己说：“他们会以为我们是一对傻瓜而把我们赶出去。”那位前辈只是继续地咯咯笑，把头埋进臂弯里，再抬起头来把店老板的每一声拒绝转变为他幽默的回想。很奇怪的是，不一会儿，我们的人搬进一台新的收银机。我的朋友以行家的口吻，向老板说明用法，老板居然买了！

这就是充满韧性的厚脸皮所取得的成功，因为坚忍不拔、顽强执着是一个人事业成功的关键所在。对执着的攻击和嘲笑，常常会受到意志顽强者的应有反击。对付求人不得的尴尬，笑声和幽默是厚脸皮最好的美容剂。

大部分的人，都会对带着笑脸的人有一份莫名的好感。明朗的脸可以让人有安全感；阴暗的脸色，总会给人一种疑惑感、嫌恶感、威吓感。因此，我们不能不注意自己是否是一副阴暗的表情。可能的话，应时时让自己有一副明朗的笑脸。如此下去，对方很可能被我们的笑脸所感化，从而答应我们的请求。

疲劳轰炸的力量

疲劳战是一种兵法，更是一种厚脸皮求人的技巧。这种方法对那些力量超强，难以一下攻克的对象尤其适用。

美国人喜欢以打乒乓球的方式来办理事情，双方都可以发球，几个狠狠的快攻后，球赛即告结束，接着便去忙别的事情了。而东方人却喜欢马拉松式的车轮战，问题一个接一个，且非打破砂锅问到底不可，犹如棒球手利用迅速不断，而又毫无意义的动作来干扰打击者一样，把对方弄得晕头转向，劳累万分，只想快快把事情结束，对结果不太计较。

在20世纪70年代的巴黎和谈中，一开始越南代表就在巴黎租了一个别墅，签下为期两年的租约，而美国的代表却只在里兹的旅馆订下一个按日计算的房间。因为他们根本没有耐心，也不认为交涉会拖得很久，即使过去受过韩国板门店谈判三年的教训，仍然不习惯作长期交涉的打算。其结果可想而知。越南这样一个积弱的国家，拖住美国八年之久，进而取得最终的胜利。

事实上，正如越是嘈杂的机器，所获得的润滑油就越多。如果能有坚韧的耐心，不厌其烦地把事情搅和在一起，对方除了必须更辛苦地工作外，还要忍受不断的轰炸，等他疲劳之余，正想撒手放弃，而我们却缠着不放，做地毯式的攻击，伺机向对方提出“最后通牒”。

对方在烦不胜烦的状况下，唯恐凌晨两三点钟时，还要斡旋于此头痛问题中，一般都会同意看起来还算合理的条件，以“根除后患”。因此，办事最忌讳的就是息事宁人的怯懦态度，或不识时务的一味逞强硬挺，至于心浮气躁则更是要不得。

有很多事情，不是一时半刻就可以解决的，例如要找出问题的症结、了解对方冒险的程度、考验对方的实力、找出对方的弱点、知道对方的要求或者要改变对方的期望程度等，都需要时间来完成，甚至要知道，对方处在压力下会做出什么选择，也是需要时间的。如果没有坚强的意志、毅力，如何能够达到目标?

欲速则不达，要成功一定要计出万全，沉着应对，用各种方法来轮番“轰炸”，始终坚持，绝不妥协。在办事过程中，耐心是最强而有力的武器，尤其是在双方僵持不下或遭对方威胁时更具功效。在几经僵持后，对方深知无可再争，只好就范。所以最后的僵持，不是形势的恶化，而是好转的前奏。

不战而退，一定吃亏；且战且退虽离目标较近，但仍是不划算；唯有且退且战，实行疲劳轰炸，把对方轰得筋疲力尽，要想前进寸步，都要费去许多力气，才能消磨其进攻的勇气和尝试的雄心。等到对方觉得越攻越难，进展也越来越小时，便可提醒对方，得此结果殊不容易，并进一步解释不能再让步的理由和功败垂成的可惜，以及一旦破裂后可能产生的恶果，此时对方已成强弩之末，自知前进无望，而所获也觉不少，自然就束手就缚了。

哲学家威廉·詹姆斯曾经说过："如果你能够使别人乐意和你合作，不论做任何事情，你都可以无往不胜。"从某种意义来说，助人即助己，合则共存，分则俱损。别不好意思去帮助别人或向别人求助，也别太单凭个人英雄主义，单枪匹马去做事，放着身边的人力资源置之不理，永远都成不了大事。不过，厚脸皮求人也要注意对象、注意方法，如果不分对象、不讲条件一味纠缠，则有可能会落个无赖之名，想求人办事更是难上加难。

诚恳的请求更易得到对方的应允

求人办事，说话态度很重要，而诚恳的态度和言辞绝对是最佳的选择。在给对方留下诚恳印象的同时，也要让对方清楚，为什么要帮助我们。我们的话越诚恳，对方就越难开口拒绝。另外，求人办事，一定要明确自己的目标，这样一来，对方才能有的放矢地提供帮助。

求人办事，最考验一个人的语言表达能力。如果一个人口才出众，三言两语就可以把话说到位，求人之事自然水到渠成；反之，一个言语木讷的人，吞吞吐吐，欲言又止，很容易招人烦，求人之事自然是凶多吉少。不过，说话真诚可以弥补自己在说话方面的短板，因为它并不要求我们在言辞上多么委婉或华丽，而是简单明了地说清楚自己的诉求即可。

说话诚恳，求人不难

很多人都追求高调，希望能够得到别人的青睐和认同，甚至是希望得到别人的崇拜。他们想当然地认为，想要让别人认同或者崇拜，就要有高调的言辞。于是，不管什么场合都夸夸其谈，不管走到哪里都在吹嘘自己。然而，这些人却不知道，这种做法不仅无法让自己得到别人的认同，反而会让别人生出厌烦之心。

一个真正懂得用语言征服别人的人，他的话一定是朴实的。真正的讲话高手，从来都是用最普通、最简单的话来讲述最深刻、最高调的道理。只有这样，才能打动人心。

19世纪的法国作家左拉为发表自己的处女作《给妮侬的故事》，颇是经历了一番波折。刚开始，他捧着自己的书稿，拜访了三家出版社推销自己的作品，都未获得成功。不过他没有放弃，紧接着又找到了第四家出版社。

走到第四家出版商拉克鲁瓦的办公室门口时，左拉有点沮丧，担心再次被拒，有了退却的想法。但左拉深吸一口气，还是敲了办公室的门，只听里面说了一句“请进！”

左拉走进办公室，拉克鲁瓦抬头看了一下手里捧着书稿的左拉，便问道：“你是要出书吗？”

左拉几乎不假思索地说道：“我已经拜访了三家出版社，但都被拒绝了，你这里是第四家，我希望也是最后一家。”

拉克鲁瓦愣住了，还从来没有哪位作者会像这样对他说话，因为这样赤裸裸地讲出自己的遭遇，书稿八成是无法出版了。没想到这个小伙子竟然敢这样讲。看到拉克鲁瓦没说话，左拉又补充了一句：“请相信我，你能从这本书里看到我的才华。”

拉克鲁瓦被左拉如此坦率的行为所吸引，也有些感动，但依然有点怀疑这个年轻人会不会是在吹牛，毕竟这个年头吹牛几乎不需要什么成本，有胆子就行。他决定留下左拉的作品仔细审阅一下。

看完这本书后，拉克鲁瓦发现左拉确实很有才华，便决定出版这部名为《给妮侬的故事》的作品，还与左拉签订了长期的出版合同。

一个人一旦踏入社会，很多时候都需要他人的帮助，所以要切记一条求人办事的准则：说话诚恳。左拉没有一上来就说自己很有才华，而是先把自己之前的“悲惨”遭遇告诉对方，这是一种非常巧妙的说话策略。当然，至少对左拉而言，这种策略是“无心插柳柳成荫”，因为他只是想表达自己的诚意。

真情实意，赢得人心

人际交往中，维系人与人之间的感情和友谊，重要的不是技巧而是真情实意。拥有诚恳之心的人，一生都可以得到真诚的回报和馈赠。拥有一颗真诚的心，也就拥有了一笔巨大的财富，它是看不见的资本，关键时刻却能迸发出神奇的力量。

松下幸之助在日本不仅被誉为“经营之神”，而且也被誉为“危机管理的经营之神”。这是因为他以他独立的创业精神，对企业的危机有着一种预见，能够预先感觉到危机的来临，并根据这种对危机的预感迅速决策，从而把握企业的管理方向，调整管理的方式，安排重要的人事变动。在松下幸之助看来，激励全体员工预测危机并消灭危机，化险为夷，正是现代企业精神的精髓。

1961 年，为了培养松下下一代的掌门人，松下幸之助退居二线，让其女婿松下正治担任总经理。1964 年松下公司年营业额突破了两千亿日元大关。这是一个惊人的战绩，松下自己对此很满意。公司上下更是充满了乐观自信的气氛，但已退居二线的松下幸之助预感到了某种危机，他希望总经理松下正治对此危机能够及时发现并重视起来。但是到了1964年年中，松下正治却还没有动静。于是在7月15日，松下电器召开了全日本营业所所长会议。会前没有人知道会议的议题，但大家都知道松下幸之助将亲自参加这次会议。

松下幸之助在会议上开门见山地对大家说道："公司正处在危机之中，这次会议就是要充分摆出问题，并出谋划策，一定要开拓出一条新路来。没有结果，这次会议就不结束。"

这样一来，营业所的所长们就纷纷开口批评公司。但是松下幸之助对问题的认识有所不同，他认为松下公司本身的确有问题，但是最根本的问题是经销公司经营状况恶化，而恶化的原因在于经销公司开始丧失独立的创业精神，心理上自足自满，对赤字和个别经销所的倒闭毫不在乎，大家显然都没有意识到这一点。

但是松下幸之助并没有直接去指责所有的营销人员，而是让与会的人在第一天大胆地批评公司，使大家在群情激昂中认为失误仿佛全在总公司。但到了第二天，松下幸之助自己在会上发言，态度却来了个180度的大转弯，他以一种非常谦恭的态度把全部的失误都归于总公司的账上，并承认在座的各位所长们一向都是尽责尽职的，并对公司充满厚爱。"但是总公司丧失了过去创业的精神，所以现在是找回那种创业精神的时候了。"说着说着，松下突然哽咽了起来，销售公司的总经理们瞪大了眼睛，凝视着这位年逾古稀并创造了非凡事业的人在哭泣。松下的眼里流下了眼泪，他从口袋中取出了手绢捂住了眼睛，刹那间会场上充满了肃然的气氛。

接下来会议气氛急转直下，原来对总公司激昂慷慨的批评声不见了，而变成了自我谴责。人人都认为公司出现危机与自己有关，并表示要与松下公司共同奋斗，共渡危机。许多人也如松下先生那样流着眼泪。气氛波澜起伏，激动人心。

松下之所以采取这样的方式，是因为他很担心会议开成一个相互指责的会议，如此一来，根本不可能解决问题，只能是制造内部矛盾。他的目标是不仅要让大家充分意识到危机的严重性，使所有的人都警觉起来，而且还要在这种警觉中重新团结起来。

所以，他先是以挑战的姿态出现，使大家把注意力集中于核心问题。然后，再来一个态度上的大转弯，使得与会者极为愤怒的情绪转化为感动。这可以说是非常高超的激发人心的手段，而且丝毫不见破绽。当然，使用这种手段中要有真正的诚意。但是，即使有诚意，也需要技巧，需要忍耐力。

打好感情牌，冲破对方心理防线

白居易曾写过这样两句诗："功成理定何神速，速在推心置人腹。"千百年过去了，以情来感动对方仍然没有改变。要想说服别人，就要设法动摇对方的心理防线，巧妙刺激对方的感情和情绪。人是有感情的动物，感情的力量往往会超过利益的驱使。

有人说，人们大多数的决定并非是在一种理性分析、逻辑推理和冷静思考的基础上做出的，而是在兴趣、情感、情绪等层面上作出的，因此，求人办事者应该从打动对方的内心方面入手，练就一种会"煽情"的能力。优秀的销售人员、律师、商人、政治家和小说家都懂得，影响他人的捷径就是触及内心深处的情感。

把话说到人的心窝里

日常生活中，如果不懂得从情感的角度入手，不会和他人建立起情感层面上的联系，即使可以说服他人，也只能被人评说为“不通人情”，从而也就无法获得人们的尊敬和真心的服从。因此，要想使自己表达的语言能够为人接受，为人喜欢，就要站在别人的角度，找到别人的兴奋点、热点，满足对方的自尊心理。

深圳模范电车售票员于丽萍，不但有全心全意为乘客服务的热情，而且还有暖人肺腑的语言。口才，使她说的话深深打动了乘客的心弦，使她在平凡的工作岗位上创造了不平凡的业绩。

有一天，车上的乘客很多，这时又上来一位抱小孩的妇女。于丽萍同往常一样对乘客们说：“哪位同志给这位抱小孩的女同志让个座儿。”但她连讲两次，无人响应。于丽萍没有着急，缓缓地站了起来，用期待的眼光看了看靠窗口的几位小伙子，提高了嗓音：“抱小孩的那位女同志，请您往里走，靠窗坐的几位小伙子都想给您让座儿，可就是没有看见您。”话音刚落，“呼啦”一下，几位小伙子都不约而同地站了起来让座。

这位女同志坐下以后，光顾喘气定神，忘记对让座的小伙子道谢，小伙子面露不悦神色。于丽萍看在眼里，心中明白，她忙中偷闲，逗着小孩子说：“小朋友，叔叔给你让了座儿，你还不谢谢叔叔。”一语提醒那位妇女，连忙拍着孩子说：“快谢谢叔叔，快谢谢叔叔。”那小伙子听到“谢谢叔叔”时，连声说：“不客气。”

人都是有自尊心的，任何人都希望得到别人的尊重。而一个人在受到别人尊敬时，心情会特别的轻松愉快，在这种情况下劝说对方，往往会取得事半功倍的效果。于丽萍正是利用了人们这种普遍存在的心理现象，打消了被强迫让座的小伙子的不满情绪，也给抱孩子的乘客解决了困难。只有充分理解人们的自尊心，才能把话说到人家的心窝里。

爱出者爱返，福往者福来

会办事的最高境界是不费口舌，不花力气地让人自觉自愿地、竭尽全力地为你办成大事。这当然不会是无缘无故、轻而易举的，而是以爱的付出、诚的投入换来的结果。“爱出者爱返，福往者福来”，这句话的意思是说人世间的事情，有了付出才有回报。

战国时，齐国的孟尝君是一个以养士出名的相国。由于他待士十分真诚，感动了一个具真才实学而十分落魄的士人，其名叫冯谖。冯谖在受到孟尝君的礼遇后，决心为他效力。

一次孟尝君要派人为他到封地薛邑讨债，问谁肯去？冯谖说他愿去，但不知用催讨回来的钱，买什么东西？孟尝君说就买点儿家没有的东西吧！冯谖领命而去。到了薛邑后，他见到那儿的老百姓的生活十分穷困，听说孟尝君的讨债使者来了，均愤愤有怨言。

于是，他召集了邑中居民，对大家说：“孟尝君知道大家生活困难，这次特意派我来告诉大家，以前的欠债一律作废，利息也不用偿还了，孟尝君叫我把债券也带来了，今天当着大伙的面，我把它烧毁，从今以后，再不催还。”说着，冯谖果真点起一把火，把债券都烧完了。薛邑的百姓没有料到孟尝君是如此仁义，个个感激涕零。

冯谖回来后，孟尝君问他讨的利钱呢？冯谖回答说：不但利钱没讨回，借债的债券也烧了。孟尝君便大不高兴，冯谖对他说：“您不是叫我买家中没有的东西回来吗，我已经给您买回来了，这就是‘义’。焚券市义，这对您收归民心是大有好处的啊！”

果然，数年后，孟尝君被人谮谗，齐相不保，只好回到自己的封地薛邑。薛邑的百姓听说恩公孟尝君回来了，全城出动，夹道欢迎，表示坚决拥护他，跟着他走。孟尝君至为感动，这时才体会到冯谖的“市义”苦心。

这就叫“好予者，必多取”，用感情换得感情，这是求人办事的最高境界。史学家范晔说：“天下皆知取之为取，而不知与之为取。”正是对这种得失观的一语道破。得与失的互为转化之效果，有时也并不是马上就可以见到的，但懂得其中奥妙的人，会掌握取舍的主动权，让它发挥出意想不到的效果。

语言不是冰冷的信息传递机器，而是情感传递的媒介。当我们在话语中融入自己的感情时，更容易引起对方的共鸣，得到积极的回应。所以我们应当学会适当的打好感情牌，在谈话过程中找到与对方的“共情点”，把话说到对方的心坎里，这样我们才能与对方建立良好的关系。

给对方尝点甜头，激发其知恩图报之心

当一个人的情感状态良好时，对事物负面的感知也会转换成正面的感知，这有利于用积极开放的视野来取代消极封闭的观点。不可否认，我们是“情感的奴隶”，我们的记忆、对世界的看法、行为和动作，会因情感而变得有选择性。

中国人重人情，讲究“滴水之恩当涌泉相报”，聪明人运用这一战术，“糖衣炮弹”一出手，往往一发命中，而且百试百灵。因为对方先得到了甜头，不但心情好，而且还可能产生知恩图报的心理，在这种心理驱动下，很容易答应他人的请求。

求人办事前施以对方小恩小惠

有一项实验，两名学生在受训后向不知情的工人们推销兑奖券。在推销兑奖券之前，其中一位学生故意千方百计地去讨人喜欢，对那些工友又和善又体贴；为了对比起见，另一位学生则千方

百计地去惹人讨厌，又粗鲁又不为他人着想。

工人们休息时，那名粗鲁的学生去买了几瓶可口可乐给这些工友们喝。过了一会儿，两名学生开口要这些工友帮一个忙："请你们买张兑奖券好吗？"

结果发现，那名不讨人喜欢却利用回报规律的学生所售出的兑奖券是另一名学生的两倍之多，不管后者被认为是多么可爱。

绝大多数人通常会拒绝一些无关紧要的请求。要想增加说服他们的可能性也很简单，只要在提出请求之前先给他们一点儿小恩小惠就好了。

不动声色施以恩惠

他人给予我们恩惠，我们都愿意予以报答，这是人之常情。如果想要得到某人的帮助或支持，我们不妨先寻找机会去帮助对方，不求回报地付出。每个人都不愿意欠下"人情债"。这种求人办事方式的原则是：欲取的目标必须暂时隐藏不露，且在未露之前投其所好，先给对方甜头尝尝，待对方尝得高兴了，再顺势把自己欲取的目标提出来。

清代著名画家、"扬州八怪"之一的郑板桥，一生恃才傲物，鄙视权贵，一些达官贵人想索求书画，均被他拒之门外。

有位大富豪新居落成，想求郑板桥赐几幅画增辉，一连几次都吃了闭门羹。最后，富豪一气之下，发誓要郑板桥心甘情愿地为他画几幅画。于是，他派手下人四处打探郑板桥的生活习惯和各种爱好。

一天，郑板桥出来散步，忽然听见远处传来悠扬的琴声，曲调甚是优雅。他循声而去，发现琴声出自一座宅院，院门虚掩。

郑板桥推门而入，眼前的情景让他大感惊讶：庭院内修竹叠翠，奇石林立，竹林内一位老者，鹤发童颜，银须飘逸，老人正在独自抚琴。

老者一见郑板桥，琴声戛然而止，他热情地邀郑板桥入座。两人谈诗论琴，颇为投机。

谈兴正浓，仆人捧上一壶酒，还有一大盆烂熟溢香的狗肉，送到他们面前。

老者说："请！"郑板桥禁不住诱惑，又不便推辞，于是不客气地吃将起来。

一顿美餐之后，郑板桥发现自己连老人姓名还不知道，总不能吃完后说声告辞就走吧！然而，又该怎样答谢人家呢？

于是，他主动对老者说："今天能与您老邂逅，实在是幸会，感谢盛情款待，我无以为报，请您找些纸笔，我画几笔，也算留个纪念吧。"

老者谢道："老夫平生喜欢琴棋书画，今天可谓遇上知己了。"于是找来纸笔墨砚。郑板桥画完，问了老者名姓并在画上落款。

第二天，这几幅字画就挂在了大富豪新居里，富豪请来宾客，共同欣赏。宾客们原以为他是从别处高价买来的，但一看到字画上有他的大名，这才相信，是郑板桥特意为他画的。

消息传开后，连郑板桥自己都不相信自己的耳朵，他没想到因为自己贪吃狗肉，竟然落入了人家的圈套。

学会策动人心

在求人办事的过程中，有的人喜欢用"策动人心"的方法来达到自己的目的。他们一般会制造一种假象，使对方觉得被暗示过，便在这种错觉中一步步行事，却不知，自己已身陷其中。这种方法的好处在于不需要允诺什么，而对方就会做出各种迎合我们需求的事情。

沃尔夫森是一个移居美国的犹太商人的儿子，在 20 世纪 50 年代至 60 年代时，被商界誉为金融奇才。但他的实业道路却是从负债经营开始的。他首先向人借了一万美元，买下了一家废铁加工厂，然后把它办成了一个高盈利的企业，只有二十八岁的沃尔夫森仅个人资产就突破了百万美元。1949 年，沃尔夫森用二百一十万美元的价格买下了“首都运输公司”，这是设在华盛顿的一套地面运输系统。

沃尔夫森有能力把亏损的企业办成盈利颇丰的企业，这是大家有目共睹的。但这一次，公司还没有盈利，沃尔夫森就开始宣布公司将增发红利。这种手段本身并没有特别出奇的地方，出奇之处在于沃尔夫森开始发放的红利超过了公司这一段时间的盈利额。

他用贴出公司老底的代价制造企业高盈利的假象，让公众对该公司产生过高期望，从而提高公司的股价。和沃尔夫森预料的一样，“首都运输公司”的股票在证券市场被大家一致看好，价格一路上升。趁此机会，沃尔夫森将其手中的股票全部抛出，仅此一举盈利额竟达原来股票价值的六倍之多。沃尔夫森的实业王国当然不是完全靠“策动人心”创建起来的，但也不能否认，“策动人心”确实加快了其公司的成长。

经商与行骗的真正区别不在于是否有“误导式中介”，而在于这种“中介”有没有包含与实际不符的允诺。假如没有允诺，或者只存在消费者想象中的允诺，这种策动人心的方法即使不符合一般的商业道德，但也不违背商业交易的规定。

因为，现代商业靠法律来约束，而不是靠伦理来约束。只要运用好这种经商的谋略，每个人都有可能像犹太人一样成为顶尖的商人。办事如同经商，有时制造一种假象，给对方一种错觉，办起事来反而更加容易一些。

求人循序渐进，避免狮子大开口

“取法于上，仅得其中；取法于中，故为其下”，这句话出自唐太宗李世民撰写的《帝范》，意为效法上等的，也只能得到中等的，效法中等的，只能取得下等的。有时候，当我们求人办事，会发现其中有着和《帝范》里面这句话相似的规律。

中国有句老话：“饭要一口一口吃，路要一步一步走。”平时求人办事，不妨先从一些小的要求开始入手。如果对方答应了，再一步步提高门槛，最后再拿出最有分量的请求。这样的话，对方因为此前一直在答应，此刻也会因为惯性，对我们更高的请求做出有利的回应。

求人办事要循序渐进

求人办事应由小到大，由微至著，由浅及深，由轻加重，如果一开始就张开大口，很可能就会受到对方的断然拒绝。

弗利特曼教授是美国斯坦福大学社会心理学家，他曾以学校附近一位家庭主妇巴特太太为对象，做了个有趣的实验。

他打电话给巴特太太：“这儿是加州消费者联谊会，为具体了解消费者的情况，我想请教你几个关于家庭用品的问题。”

“好吧，请问。”巴特太太说。

于是教授提出了一两个例如府上使用哪一种肥皂等简单的问题。

过了几天，他又打电话了：“对不起，又打扰你了，现在，为了扩大调查，这两天将有五六位调查员到府上当面请教，希望你多多支持这件事。”这实在是件不太礼貌的事，但巴特太太还是同意了这个要求。

相反地，弗利特曼教授在没有打过第一个电话，而直接打第二个电话向其他家庭提出要求时，却遭到了拒绝。

最后，弗利特曼教授得出了这样的实验结论：前一种答应他请求的人数占52.8%，后一种只有22.2%。究其原因最主要的是因为有了第一通电话的铺路。据此可知，向人有所请托，应由小到大，由微至著，由轻加重才是。如果一开始就提出很高的请求，很可能会被对方断然拒绝。

求人办事前先赢得对方的信任

在求人和拓展人际关系时，有一些法则必须注意，那就是“一回生，二回半生不熟，三回才全熟”，也就是要采取循序渐进的方法。

左宗棠为筹集军饷需要一笔巨款，让胡雪岩想办法。虽然筹措的时间充足，但胡雪岩的资金多被占用，短期内根本腾不出来。思来想去，唯一可行的办法就是先向别人借钱。

可是，如此巨大的一笔资金，该向谁借好呢？胡雪岩最后把目标锁定在外国商人史密斯的身上。问题在于，胡雪岩和这个史密斯只合作过一次，而且如果知道钱是借给朝廷的，对方多半会拒绝，因为他们对朝廷的信誉没有信心。果然，当胡雪岩派出的手下见到史密斯并说明来意后，被对方直接回绝。尽管这位手下再三表示可以用胡雪岩的信誉做担保并多付利息，但史密斯依然不愿意冒这个险。

听完手下的汇报，胡雪岩沉思了许久，最后决定亲自去一趟。第二天，胡雪岩从外面回来，手里拿着从史密斯那借来的一千两银子。手下看到后，感觉很奇怪，就问道：“借这么点儿银子不是杯水车薪吗？”胡雪岩只是笑了笑并没有回答。

没过几天，胡雪岩就让手下连本带息把钱还给了史密斯。手下不理解，还嘟囔着说：“借这么点儿钱又没用，还白白搭上利息。”胡雪岩挥了挥手，佯装没听见。几天后，胡雪岩又去史密斯那里借了一笔钱，不过比上次多了一些，但对采购军饷来说依然是杯水车薪。钱借回来放了几天，胡雪岩又派手下去还钱，这次同样付了不少的利息。手下虽不解，但也没有再多言。此后，胡雪岩又用同样的方法借还几次，只是借钱的数额一次比一次多，而且一到约定的日子，立刻派手下连本带息一分不少地还上。

一段时间过后，筹集军饷的计划全面开展，胡雪岩吩咐手下准备马车出门，并信心满满地说："走，去史密斯那里借钱去。""你肯定史密斯会借吗？"手下试探性地问。胡雪岩自信地笑了笑说："只管跟着我去就是了。"

不用说，有了前面几次借还的经历，胡雪岩肯定已经在史密斯心目中积累了足够的信誉，作为商人，既然有利可图，史密斯自然没有不借的道理。

有人曾经说过："凭借欺诈、奇迹和暴力，可以获得一时的成功，只有凭借诚信，我们才能获得永久的成功。"求人办事也是如此。凭借一时的巧舌如簧，或许可以暂时蛊惑人心；但是假如自己都不能坚持自己观点，出尔反尔，那么即便暂时赢得了人心也终会失去。所以，我们在张口求人之前，先赢得对方的信任，才不会招致对方无端的拒绝。

巧用"八股文式"求人办事

著名学者林语堂先生总结中国人求人办事，像写八股文一样，对于如何循序渐进地求人办事很有启发。林语堂先生指出，中国人求人办事很少像外国人"此来为某事"那样直截了当开题，因为这样不风雅，如果是生客就更显冒昧了。中国人相当讲究话里做文章，有着八股文般起承转合的优美。不仅有风格，而且有结构。在求人办事时，他们都会遵循四步循序渐进的步骤。

第一段是谈寒暄、评气候。

诸如“尊姓”“大名”“久仰”“久违”及“今日天气如何如何”，皆属于此类。林语堂称之为气象学的内容，主要起“来则安之，位安而后情定”的作用，即联络感情。这样不至于在求人前就遭到抗拒。

第二段是叙往事、追旧谊。

这就更深一层了，要从大众皆有的随意寒暄，过渡到彼此较为特殊的追叙旧谊，是深入的过程。林语堂如此陈述：“也许有你的令侄与某君同过学，也许你住过南小街，而他住过无量大人胡同，由是感情便融洽了。如果，大家都是北大中人，认识志摩、适之，甚至辜鸿铭、林琴南……那便更加亲挚而话长了。做得好，双方感情可能会真的融洽起来。”

第三段是谈时事、发感慨。

这就涉及政治学的范畴了。“感情既洽，声势斯壮”，于是便可联手出击，进入侃的境界。纵横的范围广，包括对政治人物、国计民生及时事的评价等。这一段做得好，感情更为融洽，声势又壮，甚至于相见恨晚，到了两肋插刀的程度。至此，可认为到了陡然下笔、相机言事的时候。

第四段就叫经济学——奉托小事。

可客气地起立，拿起帽子，然后几而转来道：现在有一小事相烦。先生不是认识某某吗？可否请写一封介绍信云云。这一段要自然随意，不给对方造成很大的压力，或使对方觉得自己该欠他多大人情，而且要利用前叙铺垫，陡然收笔，总结全文。

林语堂先生描述的这段“求人八股”含有嘲讽的意味，如果不是一位油滑世故、人情练达之人，想必也提炼不出如此精妙的“求人大法”来，但这确实是中国人特有的交际智慧。

人脉需要积累，不定期充实人情账户

求人时要有长远的眼光，懂得慧眼识英雄，懂得有目标地进行感情投资。好关系不是一朝一夕就能建立起来的，必须从一点一滴入手，依靠平日的积累。俗语说：“平时多烧香，急时有人帮”“晴天留人情，雨天好借伞”。真正左右逢源的人都有长远的眼光，懂得未雨绸缪，一旦求人时，他们就会很容易获得帮助。

人情账户就像我们的银行存折，如果我们年初存十万元，到了年底，存折上不只是十万元，而且还有利息。许多人就是用在银行存钱的方式建立起人际关系的。

人际关系会成为我们一生中最珍贵的资产，必要时，会对我们产生莫大的效用。就像银行存款一样，少量地存，有急需时便可派上用场。而别人对我们的善意的回报，有时是附带利息的，就好比银行存款可以生出利息。

感情投资要日积月累

古人说：积土成山，风雨兴焉，积水成渊，蛟龙生焉。只有通过不断地构建和巩固，人际关系才能牢固。有了“铁”的关系垫底，求人何愁无门？

哈曼·托勒是美国斯迈尔公司总裁，因为长期承包那些大电器公司的工程，他对这些公司的重要人物常施以小恩小惠。但哈曼先生的交际方式比别人总是高出一筹：他不仅对公司要人进行感情投资，对一些年轻的职员他也同样殷勤款待。

哈曼总裁并非无的放矢。事前，他总是想方设法地找到电器公司的每一位员工资料，对他们的学历、人际关系、工作能力和业绩做一次全面的调查和了解。

当他认为有些员工可能会在电器公司大有作为、以后会成为该公司的决策人物时，不管他多年轻，都能得到哈曼先生的尽心款待。

这位总裁这样做的目的，是为日后获得更多的利益作准备。他明白，十个欠他人情债的人，有九个会给他带来意想不到的收益。他现在做的是亏本生意，但日后会利滚利地收回。

所以，当自己所看中的某位年轻职员晋升为科长时，哈曼会立即跑去庆祝，赠送礼物。同时还邀请他到高级餐馆用餐。年轻的科长往往对他的这种盛情款待倍加感动，心想：我从未给过这位老板任何好处，并且现在也没有掌握重大交易决策权，这位老板真是大好人！无形之中，年轻的科长自然产生了感恩图报的想法。

正在受宠若惊之际，哈曼说："我们企业能有今日，完全是靠贵公司的抬举，因此，我向你这位优秀的职员表示谢意，这也是应该的。"这样说的用意，是不想让这位职员有太大的心理负担。

而有朝一日，这些职员晋升至公司的重要职位时，肯定还记着哈曼的恩惠。事实证明也是如此。在竞争十分激烈的生意场上，许多承包公司倒闭的倒闭，破产的破产，而哈曼的公司却生意兴隆，一个重要原因就是由于他平常注重感情投资。

哈曼在求人时确实有着长远的目光，他懂得慧眼识英雄，懂得有目标地进行感情投资。一次性的感情投资是远远不够的，好关系的建立不是一朝一夕就能做到的，必须从一点一滴入手，依靠平日的积累。

冷庙常烧香，落魄有人帮

日常生活中，许多人烧香喜欢挑香火繁盛的热庙，他们认为热庙的菩萨灵验，有求必应。有些人却专门喜欢去冷庙烧香，他们认为，平时冷庙门庭冷落，无人礼敬，他们很虔诚地去烧香，菩萨必然会有求必应。

庙有冷热之分，人也是这样。那些权高位重、神通广大之人，便成了众人求拜的佛祖，信徒们你来我往，自然是香火旺盛。但一个落魄潦倒、怀才不遇的人，有可能就是冷庙。若我们时常去走动一下，对方若自觉人情越欠越多，日后否极泰来，必然会有所回报。所以，冷庙烧香，是有利而稳健的人情投资。

人情投资最忌讲近利，讲求近利，就如做买卖，就如同变相的贿赂。对于这种情形，凡是有骨气的人，都会觉得不高兴，即使勉强收受，心中也总不以为然。即使他想回报你，也不过是半斤八两，不会让你占多少便宜的。

米建国曾担任某公司总经理，每年年底，礼物、贺卡就像雪片一般飞来。可是当他退职离休之后，所收的礼物只有一两件，贺年卡一张也没有收到。

以往访客往来不绝，而这时却寥寥无几，正在他心情寂寞的时候，以前的一位下属带着礼物来看他。在他任职期间，他并不重视这位职员，可是今天来拜访的竟是这个人，不觉使他感慨颇多。一年后，米建国被原来的公司聘为顾问，他很自然地就重用和提拔了这位职员。

正是因为这位职员能在没有利益关系的情况下，登门拜访，所以才在米建国心中留下了很深刻的印象。同时更让他产生了“有朝一日，一旦有了机会，我一定得好好回报他”的想法。

法国有一本叫《小政治家必读》的书，书中教导那些有心在仕途上有所作为的人，必须起码搜集二十个将来最有可能做总理的人的资料，并把它背得烂熟，然后有规律地、按时去拜访这些人，和他们保持较好的关系。这样，当这些人中的任何一个当起总理来，自然就容易记起你来，自然会对你的人生有莫大的帮助。

这种手法看起来不大高明，但是非常合乎现实。一本政治家的回忆录中提到：一位被委任组阁的人受命伊始，心情是很焦虑的。因为一个政府的内阁起码得有七八位甚至更多的部长级人物，如何去物色这么多的人，这的确是一件难事，因为被选的人除了有适当的才能、经验之外，最要紧的一点，就是“和自己有些交情”。

当然，一个人能广集人脉、受到大家普遍喜爱的原因是千差万别的：或者因为他诚实可信，值得信赖；或者因为他沉稳老练，办事踏实；或者因为他谦虚谨慎，待人和气；或者是因为他知识丰富；或者因为他机警灵活，善处人际关系等。若我们想要在落难时有人帮，就要在平时与人为善，同时不断提升自己，助人者必得人助。

现代人生活忙忙碌碌，没有时间进行过多的应酬，日子一长，许多原本牢靠的关系也变得松懈，朋友之间逐渐淡漠，实在让人可惜。所以，即使平时再忙，也别忘了要经常沟通感情。

PRECISE EXPRESSION

第八章

话要想着说，不该说的不能说

现实生活中，每个人都有自己忌讳的事情。别人的忌讳就像我们人际关系中的暗礁，一旦触碰到，不仅伤害了他人，还会引起对方的反感。所以，我们在与对方交流时，要学会躲避暗礁，谨言慎行，避开他人忌讳的话题。如果不经意间触犯了就要马上回避或及时致歉。尤其是在职场中，谨言慎行永远都是首要准则。

知人不必言尽，闲谈莫论人非

逢人不说人间事，便是人间无事人，在与人交谈的时候，我们一定要慎重说话，对于他人的是非要做到闭口不谈。没有不透风的墙，一时的言语失误，短时间没有影响，时间长了，坏话一定会传到他人的耳朵里。

在各种场合，切忌谈论他人的是是非非。当一个人在谈论别人的不好时，脑子里会充斥着各种不好的印象，这种印象充斥得多了，张开嘴巴就自然会是一些容易招惹是非的话题。假使有人在谈论他人是非，也一定要第一时间离开这个是非之地，以免给自己带来不必要的麻烦。虽然不能改变环境，但是一定要尝试着学会选择环境，这样才是真正对生活的体悟。

与人交流，谈事不谈人

与人交流时，我们可以针对一件事表明自己的立场，但是话题应该围绕这件事展开讨论，而不应该围绕事件所涉及的人进行讨论。有些人认为，做人要爱憎分明，不喜欢某个人就应该直接说出来，何必要强忍？殊不知，这种话题是与人交流的大忌。

因为让他人成为交流的话题很容易滋生谣言。很多时候，我们所听到的捕风捉影的谣言都是在这类谈话中演变出来的。因此，在与人交流时，如果话题涉及某个人，一定要就事论事，不要加入不必要的主观看法。

米歇尔·奥巴马曾处在政治旋涡中，但每次以美国第一夫人的身份出场时，都不会触碰政治，更不会对丈夫奥巴马的竞争对手妄加评论。

在一次公开的演讲中，米歇尔开篇的第一句话就称自己是“家中的三军统帅”，这让在场所有的人都轻松了下来，甚至是哈哈大笑。即便是在接下来的演讲中，她对美国的政治现状没有提及一个字。从始至终米歇尔都是以妻子和母亲的口吻去谈自己的丈夫和孩子。

在竞选总统的演讲中，米歇尔对丈夫的竞争对手——共和党的候选人罗姆尼只字未提。但是，作为“富二代”的罗姆尼，却曾经多次在公开场合宣扬自己有钱，可这都是他自己奋斗的结果。可是，米歇尔在演说中却说：成功并不是靠金钱来衡量的，在丈夫奥巴马的眼里，真正的成功是“曾经帮助过多少人”。话音刚落，台下立即响起了经久不息的掌声，而罗姆尼的支持率也由此被米歇尔拉下去了一大截。

米歇尔的演讲虽然没有明确地说明一些政治问题，但是她却清晰地向外界传递了一个信息，那就是呼吁和平，呼吁社会的公平、公正，让所有的人都有公平竞争的机会。

每个人的性格和观点都是不同的。同一件事情，一方认为正常的事情，另一方的想法却大相径庭。正是因为这种原因，我们要学会围绕事情展开讨论，千万不要围绕某个人进行。一个人在评断某件事或者某个人时，往往会站在自己的立场来看问题，听者很难公平地做出判断，往往让说者影响了自己的判断。

如果我们发现某些事情不对，可以就事论事，但不要将不满情绪发泄到做事的人身上，这样不利于解决问题，也不会让人心服口服。还有一点要注意的是，与人就事论事时，千万不要用极端字眼儿，用极端的言辞伤了别人，对我们也没有什么好处。

对谣言能躲就躲，不能躲也不必参与

在信息和传媒技术高度发达的今天，我们几乎每一天都活在各种不实的谣言中，多数人直接或间接地成了谣言的受害者。很多时候，我们会轻信谣言，且不自觉地就成了谣言的传播者。我们不加论证，就在微信、微博中将那些虚假的消息传播出去，因为谣言通常更能够吸引我们的关注，而且不乏说服力。

我们愿意相信群体的声音，但在大多数时候，群体恰恰是盲目的。这种盲目性往往被造谣者所利用。很显然，谣言的出现通常有很强的目的性。如果对谣言进行分析，就会发现一切根源在于利益诉求。造谣者往往具有很强的功利性，无论出于何种动机和目的，谣言都会对整个舆论造成误导，对人际关系中的尊重和信任造成伤害。

美国凯迪拉克汽车公司的米德诺先生来中国参加某次商业活动时，曾谈起了他经历过的一件事。1998 年，米德诺先生还是硅谷一家公司的主管。有一次，他在出差时乘坐的飞机上听说微软公司将要收购自己的公司，于是迫不及待地飞回公司，并向员工们传达了这一消息。结果老板知道这件事后，大为恼火，因为他并没有听说过这件事，微软公司也并没有就此事和他有过什么谈判。

很显然，米德诺先生犯了一个大忌。由于谣言传播得很快，员工们开始消极怠工，而公司的股东更是抱怨连连，公司的股价在几天之内就下跌了十个百分点。尽管米德诺先生并不是造谣的人，但公司最终还是生气地拿他开刀，将他开除了。

看似米德诺成了这场谣言的替罪羊，但他在谣言传播过程中的确起到了推波助澜的作用，这是不被允许的。因此，无论如何都不能造谣，也不能充当谣言的传播工具，尽量做到明哲保身。即便谣言针对的是自己，也没有必要大动干戈、自乱阵脚。

另外，造谣者往往会背负法律上、道德上的责任，还可能被卷入谣言之中，成为谣言的牺牲品。就像有些人喜欢在办公室里嚼舌头，在背后说人坏话，最后，他们往往会被当作真正的蛀虫和害群之马被清理出去。因此，远离谣言绝对是一个明智之举。

我们都知道，在日常生活中，与人交流是改善人际关系、增进双方感情的最好方法之一，也是加强团结合作的工具。在交流过程中，我们可以获得许多知识。可是，生活中因为言辞不当而引发的极端事件也很多。这就说明，交流具有两面性，既有好的作用，也能产生负面影响。

其实，想要不谈论他人是非是很难做到的。作为凡夫俗子，难免会谈论他人，或者是散布一些小道消息，多少是是非非往往就是一句话的事儿。一句话可以化解矛盾，一句话也足以谋害一条性命。

所以，人们要避免多说话、乱说话，而恶意地诋毁别人更不可取。一些人的功过是非，千万不能传来传去，在传的过程中，就有可能断章取义，无事生非。大千世界，有因就有果，不说别人的坏话，自然就没有闲话。即便是有人说自己的坏话，也要做到耳不听、心不烦。

人无贵贱之分，切记口下留德

《韩非子·说难》篇中曾对龙做了如下描述：龙的性情非常柔顺，人们可以和它亲近，甚至可以把它作为自己的坐骑。然而，它的喉下有一块长约尺许的逆鳞，如果有人触摸了它，那么它必然会发怒，以致伤人致死。

荀子说：“与人善言，暖于布帛；伤人以言，深于矛戟。”被击中痛处，对任何人来说，都不是件令人愉快的事。尤其是对他人身上的缺陷，千万不能用侮辱性的语言攻击。毕竟，伤害他人，我们自己也不会好受，所以在说话时，我们应该心存善念，避免戳人痛处。

说话便说话，莫揭人伤疤

人生在世，各有所长，各有所短。若以我之长，较人之短，则会目中无人；若以我之短，较人之长，则会失去自信。

鲁迅笔下所描绘的阿Q、孔乙己、祥林嫂都是我们大家所熟悉的人物，虽然他们性格各异，但在他们身上却有一个共同的特点，那就是都有一处最怕被人触碰的伤疤。

阿Q最怕有人说他头上的疤，谁要是犯了这个忌讳，他准会找人家拼命。孔乙已最怕有人揭他的短，揭了他的短，他便涨红了脸，强词夺理、竭力争辩。祥林嫂的忌讳是她曾嫁过两个男人，这是她精神上最大的负担和面子上最大的耻辱，她捐过了门槛后，本以为自己变成了干净女人，动手去拿供品，但因四婶大喊了一声，使她旧病复发，精神崩溃。

人们之所以有忌讳，怕别人揭自己的伤疤，说到底还是自尊心问题，怕脸面上过不去。所以，我们若想维护良好的人际关系，就一定不要轻易触动他人的伤疤。

打人不打脸，说话不揭短

生理的缺陷、悲伤的过往通常是人们不愿谈及的话题，这些缺陷和不足，就像人心里的伤疤一样，没人愿意被人揭开。这是人际交往中的高压线，千万不要随意触碰，一旦被人不知深浅地随意触动，只能伤人害己。

关小悦是一个身材偏胖的姑娘，个子不足一米七，体重却将近一百八十斤。她特别不喜欢胖胖的自己，可是试了很多减肥方法都不见效，她为此感到十分苦恼，但是又无可奈何。

春节假期结束之后，关小悦回到公司上班。可是她刚刚走进办公室，同事张雪峰就笑着对她说："看来假期吃得不错啊，才几天的工夫就又圆了一圈儿。"说完便哈哈大笑起来。

张雪峰只当自己和关小悦闲聊，没想到却把关小悦激怒了，她翻了个白眼儿，提高了音量说："我吃什么跟你有什么关系，我又没吃你家的，真是狗拿耗子，多管闲事！"

张雪峰被关小悦的举动吓了一跳，怯生生地说："这么生气干什么？我就是逗个乐，怎么还当真了？"

"有病吧你，谁跟你逗乐了？如果我说你是秃子，你乐意听吗？"关小悦怒气难平，大声说道。张雪峰摸着头上稀少的头发，在同事们的关注下，非常尴尬地回到了自己的座位上。

或许张雪峰并无恶意，但是他在无意中已经伤害了关小悦的自尊心，这让关小悦大发雷霆，以牙还牙，张雪峰只能吞下自己酿的苦酒，默默承受这份突如其来的尴尬。

揭人短处带来的伤害，远远超出人们的想象，如果不加留意，往往会给自己的人际关系带来灭顶之灾。一旦一个人对他人的伤害超出其所能承受的底线，那么对方很可能以相同的手段来对付你。

俗话说："矮子面前不说短话。"每个人或多或少都有生理上的缺陷，或是让自己感到难堪的往事，或是有不愿与外人道的隐私，本身深陷这些事中就已经够痛苦了，如果他人强行触碰，无疑是雪上加霜，如此一来，只会是两败俱伤。

因此，我们和人交流的时候，一定要注意规避生理缺陷、个人隐私、伤心往事、尴尬困窘之类的话题。当对方对某一话题不愿多谈或是刻意回避时，我们应该适时转移话题，以免在不经意间触及对方的自认为的短处而伤害到他。

生活中，人们在一起聊天闲谈时，总喜欢说些有趣的事以此给工作和生活增添开心的笑声和情趣。这种乐趣是生活的浪花，深受人们的欢迎。但是，有些人却喜欢谈论别人的隐私、过失、缺陷等以此作为乐趣和笑料，揭别人的短来换取笑声、寻开心。在背后谈论别人的短处取乐是一种低级庸俗、有害无益的取乐方式。这种方式引来的笑声主要是建立在别人的痛苦之上，很容易闹出事端。

在背后把议论别人的缺点当作乐趣，虽然也能引发一时的笑声，但这些笑料会像流水一样，从一个人嘴巴流到另一个人的耳朵里，最终传到被谈论者的耳朵里。如此给被谈论者带来无尽的苦恼和怨恨，进而严重影响人际关系的发展，所以我们每个人都应该学会管住自己的嘴巴，千万不要拿别人的缺点、过失和隐私当作谈资来博取众乐。

还记得那天晚上，肖磊从市中心下班回家已经十一点多了，凉风习习，他觉得这个城市的夜景真美。就在去公交车站的转角处，他看到了让他惊讶的一幕：和他同班三年的同学刘文静在街头边弹吉他边唱歌。或许，唱歌是她的兴趣，或许是为了营生，但是肖磊还是一时不知所措。

要知道，刘文静平时不善言辞，每天独来独往，关于她的私生活所有人几乎一无所知。激动之余，肖磊想立马告诉所有的同学，这个一直在班里默默无闻的小女生竟然在街头卖唱。肖磊觉得，这一定会是一个爆炸性新闻，不过，当他拿出手机时冷静了下来，肖磊猜测，也许刘文静有她的苦衷，如果这个消息走漏了，必定流言四起，可能会对她造成莫大的打击，于是，肖磊把这个秘密压在了心底。

作为一个有修养的人，一定要谨慎为人，不能恶语伤人，出言不逊。对于一些人，即便是暂时不联系，也要多说对方的好话，而不能出言诋毁他们。因为不好的话会伤了和气，进而影响到彼此的心境和良好的人际关系。所以，不论人之长短，是做人的一种德行，时间久了一定会赢得他人的尊重。

守住别人的隐私，就是守住自己的底线

一个人的修养并不是指他读过多少书，懂得多少知识，而是体现在为人处世的方方面面。不要试图去窥探、触碰别人的隐私，不要试图传播、议论别人的秘密。那些隐私和秘密就像是人生的地雷，当你挖掘的时候很可能伤害到自己，放在手中向别人展示随时都可能爆炸。

每个人都会有自己不想为人所知的一面。能够为别人守住秘密，是对别人的尊重。只有尊重别人才能赢得别人的尊重。为他人守护他们的心灵花园，才能保护自己的心灵花园不被他人践踏。

远离职场上的“八婆”

那些对任何事情都口无遮拦的“八卦达人”，他们从来都不会考虑自己的行为会给别人带来什么影响。他们喜欢挖掘别人的隐私，然后进行传播。他们以为这会让别人觉得自己很有本事。

虽然这也许会吸引到一些与他们一样浅薄的人，但是这种人从来不会得到别人真诚的爱戴，也没办法得到领导的重视。学会与别人的私人领地保持距离，让一些不适于传播的事情放在自己心里，才是为人处世该秉承的原则。

吴思凡是一个十分活泼开朗的小姑娘，跟每位同事都能够说说

笑笑的。大家也很愿意跟她一起聊天，因为她总是能够找到所有人都感兴趣的话题，得到别人都不知道的一些“小道消息”。吴思凡也十分满足于自己现在这种“众星捧月”的状态，好像所有人都围着她转，都依赖于她的消息而生存一样。

这天，吴思凡又得到了一个消息，这可是一个“爆炸性”的消息。她神神秘秘地把办公室里的人叫到自己的办公桌前，说：“你们知道公司大厦的顶楼是干吗用的吗？”

大家都摇头表示不解。公司的顶楼从来不对员工开放，更奇怪的是电梯也不能通往顶楼。吴思凡还在卖关子，同事们都好奇地催促她赶紧公布答案。吴思凡小声地说：“我听保洁阿姨说，顶楼住的是老总的二奶，一个漂亮的女大学生。”大家都张大了嘴巴，因为老总跟他的夫人平时关系可是十分恩爱的。有人问：“那顶楼是怎么上去的呢？”吴思凡回答：“在大厦的B处入口有一个单独的电梯，直接通往顶楼。”

吴思凡又说：“你们可不要告诉别人啊，我答应了保洁阿姨要保守秘密的。”大家都对吴思凡的“消息”获取能力表示佩服，并且纷纷表示会为吴思凡保守秘密，不会向领导打小报告。但可想而知，没有人会为一个不能为别人保守秘密的人而保守秘密。很快吴思凡的这番话就传到了总经理的耳朵里。总经理没有发怒，也没有找吴思凡谈话，而是直接让人事部门发了一封辞退信到吴思凡的邮箱里。

毫无疑问，每个人都会用自己的方式来展示个人的价值与魅力，来获得人生的自豪感和满足感，赢得令人钦羡的快乐与幸福。只是，这个世界上还有独特的行为准则，人们获取自豪感与满足感的方式并不应该是为所欲为。不管是在职场中还是生活中，要记得，有些事，只要自己知道就好。

自爆隐私一定要慎重

上帝给了我们一个嘴巴、两个耳朵，就是为了让我们多听少说。有时候一句话说不好，不仅会招人厌恶，搞不好还会带来大祸。有时候话说多了，露出了自己的马脚或者底线，就很容易被对方抓到把柄，甚至会威胁到自己的利益。

所以，处理心事要慎重，因为心事的倾吐会泄露一个人的脆弱面，这个脆弱面会让别人改变对我们的印象，或许有的人会欣赏我们坦诚的一面，但大部分时候，自爆隐私都是比较冒险的行为，最糟糕的是脆弱面被别人掌握住，日后成为被人操纵的致命伤。

在大学的时候，段纯和王程程是同寝室的上下铺，两人关系特别好，无话不说。后来，段纯发现王程程从来不提及自己父母的事，于是就随口问了问，王程程眼睛立马就红了，说出了实话：父母在自己上小学的时候就离婚了，后来爸爸病逝，妈妈嫁了别人，自己一直跟着小姑生活。

为了安慰王程程，段纯也说出了自己的一个秘密，说自己也有难以启齿的事，就是自己有体臭，之前做过手术，但伤口才恢复不久，就发现根本没有除干净，洗过澡后虽然没有什么味道了，但是一出汗，味道又来了。为这个事，段纯很害怕和别人靠得太近。两人就这样互相安慰着对方。

一年后，段纯有了男朋友，一次，她不小心说出了王程程没有父母的事，没想到男朋友是个大嘴巴，没过多久这件事就在班上传开了。王程程特别生气，于是也把段纯有体臭的事告诉给了其他人，大家一下子看段纯的眼神都变了。为这事，段纯的男友和她分了手，而且段纯和王程程曾经那么深厚的友谊也随之破碎。

“交浅而言深，既为君子所忌，亦为小人所薄。”关键时刻，那些我们曾经的失言、多言，很可能成为对方操纵我们的秘密武器，给我们重重一击。

每个人都有脆弱无助的时候，也有自己不想为别人所知的一面，不管他们是不是想要找人倾诉，是不是想要得到别人的安慰和帮助，我们都不要试图挖掘别人的隐私，更要想办法为别人的秘密守口如瓶，这样才能够避免一些不必要的麻烦和伤害。

聪明的人在交谈时，会掌握好透露秘密的分寸，也会知道哪些话该说，哪些话不该说。说无关紧要的心事给周围的人听，会让人变得有亲和力；知道把握分寸，守住自己和他人的秘密，也就守住了自己的底线。

拿捏不好分寸的玩笑不如不开

喜欢讲笑话、抖包袱的人，总是让人多几分欣赏。看到朋友闷闷不乐、心情沮丧时，他们就会说上一句幽默的玩笑话，哄得朋友开怀大笑。幽默的玩笑话，可以说是笑容的最佳催化剂，往往能让在僵持的谈话破冰：这件事不过如此，没什么大不了。不过，我们需要注意的是，开玩笑也要有度。

烦闷的生活需要幽默调剂，适时的玩笑能让人心情舒朗。在人际交往中，开个得体的玩笑，可以松弛神经，活跃气氛，营造出一个适于交际的、轻松愉快的氛围，因而诙谐的人常能受到人们的欢迎与喜爱。但是，开玩笑要掌握好分寸，玩笑开过头很容易陷入人际关系的危机。

开玩笑避开他人的痛处

开玩笑是我们最常用的活跃气氛的方式之一，一个小小的玩笑常常能拉进彼此间的距离。但玩笑不可随意开，运用不好，反而会伤害双方的感情。在与他人谈话时，要避开他人的忌讳，尤其是面对有生理缺陷的人，更要避开戳到他人痛处的话题，否则就会引起别人的反感，有的甚至招来怨恨。

李立军先天秃头。一天，大家在一起聊天，得知李立军的发明专利申请已经获得通过，朋友张阳快嘴说道："你小子，真有你的，真是'热闹的马路不长草，聪明的脑袋不长毛'。"说得大家哄堂大笑，但李立军的脸顿时红了起来。

开玩笑的人动机大多是良好的，但如果不能很好地把握分寸、尺度，就会产生一些不良的后果，正所谓"言者无心，闻者足戒"。因此掌握说话艺术需要我们在生活中多观察、多总结，避开别人的痛处，只有这样，才能够准确、恰当地与他人沟通。

开玩笑注意场合

谁都不愿意将自己的缺陷或隐私曝光，尤其是以开玩笑的形式公之于众，这会让他人尴尬无比，甚至是愤怒。如果不分场合、不看时间地随意取笑他人的缺点，则容易被他人误解是在冷嘲热讽。

某公司老总年过五十，却娶了一位二十出头的年轻妻子，并且结婚才两个月，就生了一个小孩儿。这位老总为孩子摆满月酒，亲戚朋友都赶来祝贺。老总一个要好的朋友也来了，这个人心直口快，而且很爱开玩笑。

这位朋友为孩子准备的礼物是纸和铅笔，他亲自把礼物交给刚当上爸爸的这位老总，老总谢过了他，并且问："孩子才满月，现在给这么小的孩子赠送纸和笔，不太早了点吗？"

"当然不早"，这位朋友笑着说，"您的小孩儿太性急。本该九个月后才出生，可他偏偏两个月就出世了，再过五个月，他肯定会去上学，所以我才给准备了纸和笔。”他此话刚说完，全场哄然大笑，令老总夫妇无地自容。本来很好的朋友，从此断绝了来往。

中国有句老话叫“祸从口出”，玩笑不能随便开，尤其不能拿他人不愿提及的话题开玩笑。否则彼此间的交情很可能戛然而止，甚至以后会成为死对头。真正聪明的人，懂得对他人的隐私持有尊重的态度，知道有些事只能点到为止，知道掌握好玩笑的“火候”才能调节气氛、增进感情。

坚决拒绝恶意和没分寸的玩笑

有些人在开玩笑时，不管对方情不情愿，就会胡乱地把其缺点或者一些重要的事情当成玩笑。如果你的朋友是这种人，即便明知道他并没有恶意，但总是被他愚弄的你，心中一定也淤积了很多怨气。当你觉得实在无法容忍这种行为时，你可以这样做：

1. 坚定自己的立场，表明自己不是一个随便的人。

自己首先应该懂得宽容他们的小玩笑，毕竟开玩笑有时是种调剂，拿你开玩笑，你容忍一下，相当于低一低头，适当的宽容能给他人留下好印象。但是，对伤害你尊严的言行则不能够宽容。如果在尊严被伤害后都不表态，那就等于你承认自己是软骨头，等于弯下了腰。有人说人生就是背着装着“尊严”的筐行走，低头能让你避开障碍，但弯了腰，就等于背后的尊严掉出来了，失却了尊严的人是无法站立的。

2. 善意地提醒对方应该把握住自己开玩笑的度。

很多时候，开玩笑者也是在无意之中超越了常规的尺度。或者有心，或者无意，总之他冒犯了你的尊严，或者是触及到了你的隐私，这个时候你首先应该善意地提醒对方注意一下开玩笑的尺度。你可以这么说：“对不起，我不是很习惯别人这么说，你是不是能够稍微注意一点儿。谢谢。”对于初次见面的人，这种委婉拒绝的方法最为可靠。

对于朋友来说，则没有必要这么正规。你可以选择微笑地看着你的朋友，直视他的眼睛，用“心灵的窗户”告诉他这样做是不对的。相信你的好朋友在收到这样的拒绝信号之后，就会适可而止。

3. 忍无可忍则无须再忍。

被开玩笑时，应该看看他们是以一种什么样的态度在同你开玩笑。如果他们是恶意开你玩笑的话，就不要容忍。此时，你要清楚地表达出自己的不满，不过不要大喊大叫，以严肃的神情告诉他们你不高兴了，比如你可以说：“你觉得这样有意思么？”这样的反问很有力度，往往可以使欢笑的场面顿时冷静下来，使在场的每一个人都能够冷静思考自己的过失。

不过这种态度和口气的说话方法要慎重使用，如果有一点儿小玩笑你就甩脸给对方看，相信你的交际圈很快也就面临着土崩瓦解的危机。

作为生活中的调味剂，开玩笑是人与人交流中不可缺少的一个环节，无处不在。会开玩笑的人，往往都是值得信赖和受欢迎的人。在茶余饭后，几个人凑在一块儿，闲话家常，互相开个玩笑，让大家乐乐，可以使人在紧张的工作和生活之余放松心情。尤其是在一些令人尴尬的场合，恰当的玩笑可以起到调节气氛的作用，有助于缩短彼此的心理距离。

我们自己在开别人玩笑时，也要注意分寸。一个善于开玩笑的人，并不会不看场合而乱开玩笑，在社交中，我们要让人觉得自己是有幽默感，而不是粗俗的。要善于观察环境，根据不同的人物性格和时间场合来确定自己的策略才是最明智的方式。如果不能拿捏好尺度，即使是玩笑，也还是不要说出口的好。

言辞需退让，无谓的争辩解决不了问题

留心我们的周围，争论几乎无处不在。一场电影、一部小说、一个特殊事件，甚至某人的发型与配饰都能引发一场你黑我白的大较量。然而，争论带给我们的结果常常是不愉快的，因为每一方都以对方为“敌”，并试图以一己观念强加于他人，而根本不把对方的意见放在眼里。

本杰明·富兰克林说过：“倘若你经常跟他人抬杠、反驳他人，与他人争论，或许偶尔可以取得胜利，但那仅仅是空洞的胜利罢了。因为你永远赢得不了对方的好感。”所以，天底下只有一种能在争论中获得胜利的方法，那就是永远不要跟人做无谓的争辩。唯有如此，我们才能赢得他人的好感，才能在人海中不再孤立。

永远不要与人进行无谓的争辩

我们双脚踩踏的地方，不过几寸大小，然而在蜿蜒的山路上踱步时，稍微不慎，就会坠入山崖之下；从碗口粗细的独木桥上过河时，稍微不慎，也会坠入河中。究其原因，关键在于双脚旁边缺乏足够的余地使然。

人要想在社会上站稳脚跟，游刃有余地与人相处，就必须学会给别人留点回旋的余地，不要一味地与人争论不休而在嘴巴上做得太绝。就像有人所说，嘴巴痛快根本不算赢。

有一次，刚参加工作没多长时间的白舒扬去参加朋友的婚礼，席间有一位小伙子在解说新郎与新娘的关系时，用了“青梅竹马”这个成语。他可能为了显示自己学识渊博，还张口吟道：“郎骑竹马来，

绕床弄青梅。”随后，小伙子补充说，自己所吟的这首诗乃是宋代女词人李清照所写，殊不知，这其实是唐代诗人李白所写的《长干行》。或许，这首诗蕴含着深厚的感情，以致让这位小伙子误以为是出自女子之手。

可能是白舒扬年轻气盛，又觉得自己古典文学功底深厚，于是他毫不客气地当着众人的面儿，给那位小伙子纠错。令他没想到的是，那人反而更加坚持己见。

就在白舒扬和他争论不休时，白舒扬瞅见他的大学老师在隔桌坐着。话说这位老师在唐代文学领域可是颇有造诣。于是，他们跑过去让老师做仲裁。孰料，老师听完后，在盖着桌布的桌下用脚轻踢了白舒扬一下，一脸严肃地对他说：“你记错了，那位小伙子所说无误。”

婚礼结束后，白舒扬和老师并肩走出来，老师说：“你刚才说的那首诗是李白的《长干行》，并没有错。”白舒扬听完后，很是纳闷。老师接着说：“你是正确的，但我们没必要在那种场合让他人下不了台。那个小伙子并没有征求你的意见，只是表达自己的想法，对错根本与你无关，你干吗跟他争辩呢？在社会上行走时，永远不要与人进行无谓的争辩！”

在实际生活中，我们不要为了逞口舌之快，与他人进行无谓的争辩。事实上，当我们与人争执时，有时候争到面红耳赤也仍旧毫无结果。或许最终证明我们是正确的，但这种正确通常都是以人际关系的受损为代价换来的。

争辩是解决不了问题的

大多数人觉得在某些时候互动很困难，这是因为他们树起了屏障来抵触他人。一方面，他们渴望被人接受，另一方面，他们却不能够以轻松的心态和专注的精力让自己变得更加开放，甚至在对话开始时，他们就已经呈现出了守备状态，他们只愿将谈话当成一种博弈的方式。这种姿态使人难以轻松自在地分享与畅谈，并且会因为一些分歧和矛盾而迅速站在对立面。

有一次，老板让市场部出一份开发新市场的方案，林先生和张先生先后各自提交了一份方案。这让老板有些拿不定主意，因为在他们的方案设计中有很多理念完全不同。为了尽量不出现厚此薄彼的情况，老板让林先生和张先生进行协商，寻找一个兼容点。

林先生和张先生接到指令后，立即开始商讨方案整合的事情，看看能不能将彼此方案中最精髓的部分融合起来。但要做到这一点并不容易，张先生总是觉得他的方案是最完美的，而林先生也同样觉得自己的方案非常不错。每当林先生按照自己的理解，提出一个好的观点时，张先生便会立即有针对性地说出一大堆反对的意见；而每当张先生试图用他自己的观点来说服林先生时，林先生也会对这些观点挑三拣四。

因为针锋相对，谁也不服谁，他们始终都没有达成什么一致的意见，方案整合的事情一拖再拖，最后老板不得不出面进行干涉，老板明确提出了要求：不要全盘否定任何一方的观点，而要注意吸收彼此的好观点；双方之间可以提问题，但不要针锋相对、盲目挑刺。

经过老板的调解之后，张先生和林先生改变了原先的做法，每当对方提出一个想法，他们就会从客观的角度进行分析，最终两个人很快达成一致。

很显然，我们总是倾向于让别人服从自己，总是倾向于创造压倒性的优势来说服对方，我们似乎很害怕自己在交流中处于弱势。正因如此，我们常常会丢弃自己想要建立良好关系时所必需的积极态度。

跳出争辩的死循环

在西方社会，企业老板和工会组织常常会因为利益问题发生激烈的冲突。当老板在工资和福利上采取更加严格的制度时，工会通常会有针对性地提出一些反制措施，或消极怠工，或时不时地向外界媒体进行控诉。一旦老板觉得自己的权威受到了威胁，就可能会开除员工中的意见领袖，而此时，员工很可能会就此打砸设备，甚至组织大罢工之类的活动。

随着矛盾的加深，公司生产出现停滞，甚至直接导致破产。然而，破产对于工会同样没有任何好处，多数工人将会失业，很多家庭也可能就此濒临崩溃。

尽管大家都知道这样的结果不可接受，但在矛盾开始之时，由于双方都缺乏合理有效的沟通方式，导致彼此都被各种激烈的言辞所左右，从而直接走向对抗。这种对抗几乎成为西方资本主义制度下的一个死结。

其实，只要有一方适度地改变自己的策略，整个针锋相对的局面就会被改变，可往往没有人愿意做出让步。所有人都容易陷入这种恶性循环的对抗，因为情绪主导了一切。一个人的行为、话语常常受到感情的支配，但自己对此一无所知。在不知不觉的自我表达中，我们已经被不安、恐惧、沮丧、愤怒等情绪控制了。

此外，对于对方的情绪，我们更是知之甚少，我们并没有意识到对方的情绪可能正在恶化。直到这种对抗持续了一段时间之后，随着双方情绪进一步失控和言语上的过激表现，才发现情况正在变得越来越糟。

真正解开这个死结的方法就是跳出这种循环。我们必须习惯性地屏蔽对方说了些什么，或者尽量约束自己不被他人的言论所左右，让对方在谈话中觉得舒服，不会在矛盾冲突的影响下失控。

说话锋芒毕露只能招人厌恶

卡耐基曾经说过："如果我们一味地只顾表现自己，让他人对我们感兴趣，那么我们将永远不会得到最真挚的朋友。"唯有恰当、自然、真实地展现自己的才华和能力才能够赢得他人的赞赏，而那些刻意表现自己的人是非常愚蠢的。

在现实生活中，想要得到老板和同事的赏识，的确需要一些能力上的表现。但是，有些人会陷入表现的误区，在不适宜的场合，或者是不正确的时间里，过度地表现自己，而且不知道收敛，也正是在这种莫名其妙的情况下，自己把自己打败了。在这种情况下，想要获得升职的机会简直是难上加难。特别是在同事之间，如果你在这隐性的竞争关系中过分地表现自己，说话锋芒毕露，那么不仅得不到同事的好感，还会招致大家的反感和排斥。

所以，在说话之前，一定要经过大脑的思考，认真考虑一下说出来的话会产生怎样的效果，是会让人高兴，还是会让人难堪？是会给人带来温暖，还是会让人如坠冰窟？只有谨言慎行、虚怀若谷的人，才是一个心智成熟、容易受人喜爱的人。

别对他人的生活指手画脚

每个人的人生都是独一无二、不可复制的，大家经历不一样，体会也不一样。我们喜欢的，可能正是对方所厌恶的，反之亦然。事实上，没有人能够真正对别人的生活做到感同身受，我们觉得理所应当的事情，在别人看来也许是个困难的挑战。

一个流浪汉看到寺庙里的菩萨坐在莲花台上被众人膜拜，非常羡慕。他问菩萨："我可以和你换一下吗？"菩萨回答说："只要你不开口就可以。"于是流浪汉坐上了莲花台。

有一天，寺庙里来了个富翁。富翁求菩萨赐给他美德，等他磕完头离开后，他的钱包掉在了地上。流浪汉本想开口提醒，但他想起了菩萨的话就闭上了嘴巴。

接着来了个穷人，穷人对菩萨说家里人生病了，需要钱治病，希望菩萨能赐给他一笔钱。正要离开的时候，穷人发现了地上的钱包，他高兴地捡了起来，还笑着说菩萨真显灵了。流浪汉想开口说清情况，但他想起了菩萨的话，还是没有将事实说出来。

这时，进来了一个渔民。渔民求菩萨保佑他出海安全，能平安归来。他刚要走时，被再次进来的富翁揪住。

富翁认定是渔民捡走了钱包，因此和渔民争吵起来，而渔民觉得受了冤枉无法容忍，两人扭打起来。流浪汉再也看不下去了，他大喊一声："住手！"然后把事情的真相告诉了他们，富翁和渔民才停止了打斗。

流浪汉问菩萨自己做得是否正确，菩萨对流浪汉说："你还是回去做流浪汉吧。你以为自己很公道，但是你开口说清事情的真相后，穷人没有得到那笔救命钱，富人没有获得美好的品德，渔夫出海赶上了风浪葬身海底。相反，如果你不开口，穷人家里人的命有救了，富人损失了一点儿钱但帮了别人为自己积了德，而渔夫因为与富人纠缠无法上船，躲过了风雨，至今仍能活着。"

流浪汉听完菩萨的话后，默默地离开了寺庙。

这个故事告诉我们，有的时候我们看到的和我们想的并不一样，当我们贸然地开口后，最后的结果往往并非想象中那般美好。所以，在不了解实际情况的前提下，就不分青红皂白地对别人指手画脚，对他人的生活指指点点，是很失礼的事情。

当别人决定在自己的生活里安心享受一切的时候，我们应该在心里默默地祝福，而不是因为这种生活在你看来不够完美就随意批评。要记住，不对别人的生活指手画脚，是人与人的交往中彼此尊重的前提。

不要在失意者面前得意忘形

长期以来，中国人受儒家文化的影响，一向尊崇中庸之道：不过于自信，也不过分自卑；不过于骄傲，也不过分谦虚。用在为人处世上，就是在得意的时候应当保持低调，不能过分张狂；在失意的时候应当坚定信心，不能萎靡不振。

在得意的时候，人们往往会不知不觉地膨胀，仿佛整个世界都掌握在自己的手中，没有什么事情是自己做不到的，以致口出狂言，伤害了身边的人。要知道，每个人都有好胜心，都想获得成功。当一个人历经千辛万苦获得成功之后，难免会“人生得意须尽欢”，尽情地宣泄自己的情绪。然而，无论如何宣泄，我们都应该注意场合以及顾及周围人的感受。如果你在失意者面前得意忘形，势必会引起对方的反感。

焦军是一家大型企业的销售经理，因为工作的需要，他常常邀请一些有生意往来的客户参加宴会。有一次，他刚刚拿下一大单生意，受到了领导的奖励，因此有些意气风发。

几杯酒下肚，他打开了自己的话匣子：“我刚刚拿下的这单生意，能给公司带来上亿元的利益。领导不但表扬了我，还给我发了奖金。今天我请客啊，大家尽情吃喝。”

焦军又喝了一杯酒，继续说道：“现在领导对我非常看重，而且找我谈过话了，准备给我升职，到时候还请大家继续支持我的工作……”

焦军继续口若悬河地说着，完全没有注意到身边的赵经理的脸色发生了变化。随着宴会的进行，赵经理一会儿上厕所，一会儿出去接电话，最后，他借故公司有事，离开了宴会。

焦军当时并没有感到有什么不妥之处，赵经理却莫名其妙地逐渐减少了和他的业务往来。到最后，赵经理彻底切断了与焦军的联系，焦军不得不面对失去一个重要客户的局面。

焦军经过多方打听，终于找到了赵经理不和他联系的原因。原来，焦军得意忘形地吹嘘自己时，赵经理刚刚因业绩下降而受到了批评，他本想借助宴会找人倾诉一下，结果看到的却是焦军的疯狂庆祝。赵经理的心里遭受了更大的打击，因而疏远焦军也就不足为奇了。

很多人在取得成绩时，只顾着肆意庆祝，却很少关注身边的人。殊不知，这种得意很可能在无形之中伤害了那些失意的人。只有懂得克制，学会收敛，才能在得意时看清自己，才能让我们变成受人欢迎的人。得意而不忘形，是一种隐忍，一种关注别人的态度，也是一种为人处世的智慧。

摒弃说话恶习，优雅的谈吐更显风度

哈佛大学的一位校长曾说：“在造就一个有教养的人的教育中，有一种训练是必不可少的，那就是优美而文雅的谈吐。”一个谈吐不凡的人自然会受到他人的欢迎，而那些说话粗俗的人却会引起他人的反感。

优雅的谈吐是一种能量，就好像磁场一样，能够不动声色地吸引着你周围的人。比如在演讲、谈判，或是与人初次见面交谈时，优雅的谈吐更能给人留下深刻的印象，赢得他人的好感。同时，优雅的谈吐还体现着一个人的文化修养，是文明与礼貌的表现。

反之，不雅的谈吐往往会给我们带来麻烦。一位日本小说家曾说："日常生活中大部分的摩擦和冲突都起因于恼人的声音、语调以及不良的谈吐习惯。"如果善于观察生活中的一些小细节，我们就会发现一个人自身所固有的说话恶习，会给他带来很大的负面影响，

随意插话的人，往往会断送自己开口的机会

说到插话，没有多少人会意识到它的危害性。在日常交流中，我们常常会在不经意间打断他人的话。但其实一方面，这会表现出我们对谈话不够重视，总是抱着一种随意的、自由发挥的心态，甚至不自觉地将与亲密朋友谈话时的那种方式移植到其他社交对象身上，尽管这些谈话方式不够稳妥、不够礼貌。

另一方面，出于自我表达的需求，我们总是急着去证明自己、表现自己，这样就容易出现争夺话语权的行为。当大家一起讨论某个具有吸引力的话题时，总会有很多的谈话者盲目插话，肆无忌惮地表达自己的看法，或者想方设法说出那些最吸引人的内容。

一个跨国公司的市场部总监在开会时，跟大家分享了自己最近的一次工作感悟："有个客户向我投诉，说公司市场部如果不撤换现在的业务员，他们公司将和我们公司断绝合作关系。当时有传言，市场部某个职员对客户进行人身攻击。情况看上去很严重，但经过调查后，我却发现根本没有什么所谓的"人身攻击"事件。那个客户对那个业务员产生不满的根源在于他与客户谈话时总是喜欢插话，导致双方常常没有办法沟通。了解情况后，我向经理打了报告，希望将该业务员调到其他岗位上，但是经理直接开除了他。"

“这件事看上去有些小题大做了，但从公司的角度来说，留下这个业务员的风险太大了，公司的形象可能会因他受到很大的影响。”总监顿了顿说道。

就谈话的效果来说，几乎没有人会喜欢别人突然横插一句。插话会打断谈话者的思路，打乱谈话的逻辑，让好不容易蓄积起来的情绪一扫而空。正因为如此，倾听者无论是赞同还是反驳，都最好在别人完完整整地表达过想要表达的意思之后，再去表明自己的立场和看法，表现出最起码的尊重和礼貌，这才是一次公平的谈话。

不在人前贬损他人、自我夸耀

说话时可以说别人，也可以说自己，但是要注意一点，说别人时不要说别人的隐私，说自己时不要自我夸耀。

侯利民是一家外企公司的销售人员，由于运气好，取得了一些小成就，老板因此给他加了薪、升了官。可是，他的同事关系却非常差，公司里没有一个人愿意与他合作。原因是他过于自大、骄横，喜欢贬低别人、抬高自己。

有一次，一位同事向他求教销售技巧，他张嘴便说：“你怎么就这么笨啊！来公司都快一年了，还只是个小小的销售人员。你看我，早已经被提升了。”同事听后很是气愤，但他压住了怒火，好心劝导侯利民说：“你不能这样说话，没有人愿意听你说教。如果你与客户也这样说话，那么你的前途也就到头了。”侯利民却不屑一顾地说：“你有什么资格说我，是不是嫉妒我啊！”同事见状便离开了。后来，同事们都知道了侯利民的这一毛病，没有人再愿意搭理他了。不久，侯利民就向公司领导上交了辞职信。

无论是与同事交谈、出席社交场合还是与亲人交谈，都要注意一些谈话方式，这样才能把话说得更好，别人更容易接受。像侯利民一样刚愎自用，到头来只能是自食恶果。其实，说话的语气在同事中间应当以谦和淡雅为主，只有口气温和、不傲慢，才能在同事当中显出你的良好品质，沟通与交流也会轻松自如。

优雅的谈吐，更能赢得商机

在职场中，我们难免会遇到与人意见相左的时候，急性子的人会与他人争个面红耳赤，而谈吐优雅的人则会心平气和地与他人据理力争。不管面对什么样的人、处理什么样的问题，都要控制自己的情绪，气急败坏、轻易动怒往往会显示自己的心虚、浮躁。

我们可以准确地说出自己的想法，也可以辩驳别人的观点，言辞可以激烈，但神态一定要斯文温和，切不可咄咄逼人、口无遮拦。控制自己的情绪有助于提升自己的素养，使我们在社交场合的言行变得更加得体，更容易做好各种沟通工作。

2012年，威廉姆斯所在的公司和另一家公司竞争某个社会公益项目。为了赢得更多的筹码，双方都同意展开辩论会，并邀请广大的群众来当嘉宾。

当天，对方的公司派出的代表率先发言，言语中充满了各种不敬和嘲讽，可是在整个发言中，威廉姆斯公司的代表始终没有说一句话。他一直在认真倾听，从对方的谈话中，足足找出了二十三个错误，并且全都用笔做了记号。按照他后来的话说，“这家伙说的简直就是胡扯”。即便是这样一段荒唐无稽的话，他也尽量给予了对方充分的尊重。直到轮到自己发言，他才有针对性地提出了自己的看法，并指出了对方的问题。

后来，评委们将举办权交到威廉姆斯所在的公司手上时，评委说了一句话：“我们将这个项目交给你们，不仅仅是因为你们的方案更合理，还因为你们在辩论上的风度征服了所有人。”

只有尊重他人的话语权，摒弃说话的恶习，严格遵守沟通的基本法则，我们才能够更好地了解别人的想法。而下一次当我们谈话时，别人也才愿意投桃报李，认真倾听。

说话看似是一件微不足道的小事，却直接影响着一个人的形象，以及他人对自己的态度。说话过于刻薄、狂妄、粗俗，都会令人对其人格产生怀疑，即便他可能只是有口无心。相反，明事理、知进退，说话优雅而谨慎的人，更加受人们的欢迎。